AF274196

COLEX

GRACIAS POR CONFIAR EN COLEX

Disfrute gratuitamente **DURANTE UN AÑO** de los eBook, audiolibros y Colex Copilot de las obras de Editorial Colex*

ACTIVA TU CÓDIGO PARA ACCEDER A LOS SERVICIOS

1. Accede a **www.colex.es**.

2. Inicia sesión o regístrate como usuario.

3. Dirígete al menú de usuario y haz clic en «**Mis códigos**».

4. Introduce el siguiente código (**RASCA PARA VER EL CÓDIGO**):

- ◆ Una vez se valide el código, aparecerá una ventana de confirmación y su eBook / audiolibro / Colex copilot estarán activos **durante 1 año desde su activación** en la pestaña «Mis libros» en el menú de usuario.

* Los audiolibros están disponibles en las ediciones más recientes de nuestras obras. Se excluyen expresamente las colecciones «Códigos comentados», «Biblioteca digital» y los productos de www.vademecumlegal.es. Colex Copilot únicamente está disponible en las ediciones más recientes de las colecciones «Paso a paso» y «Vademecum».

No se admitirá la devolución si el código promocional ha sido manipulado y/o utilizado.

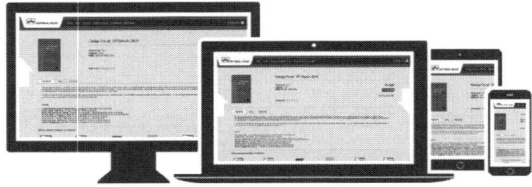

¡Gracias por confiar en nosotros!

La obra que acaba de adquirir incluye de forma gratuita la versión electrónica.

Acceda a nuestra página web para aprovechar todas las funcionalidades de las que dispone en nuestro lector.

Funcionalidades eBook

Acceso desde cualquier dispositivo con conexión a internet

Idéntica visualización a la edición de papel

Navegación intuitiva

Tamaño del texto adaptable

Síguenos en:

NUEVA FUNCIONALIDAD CON INTELIGENCIA ARTIFICIAL EN LOS LIBROS DE COLEX

| Una cortesía de Iberley.es |

En Colex damos un paso más en innovación jurídica. Desde ahora, las guías «Paso a paso» y los «Vademecum» incorporan una nueva funcionalidad basada en **inteligencia artificial**, gracias a la tecnología de **Iberley IA**.

El lector podrá interactuar directamente con el contenido del libro de forma inmediata, útil y centrada exclusivamente en su materia.

☑ **¿Qué puede hacer el usuario en el libro?**

- 💬 Realizar preguntas sobre el contenido del libro.

- 📚 Solicitar explicaciones de artículos, conceptos o normativa.

- ☀ Utilizar un ChatBot inteligente, contextualizado y acoplado al contenido legal del libro.

- 💡 Resolver dudas puntuales mientras se estudia o trabaja con la obra.

☒ **¿Qué no puede hacer esta versión del ChatBot?**

- ✗ No permite generar escritos jurídicos.

- ✗ No analiza ni responde documentos externos.

- ✗ No responde a consultas de otras materias distintas a la del libro.

Esta herramienta está pensada para enriquecer la experiencia de lectura y consulta del libro. Su uso es exclusivo sobre su contenido.

¿QUIERES IR MÁS ALLÁ? DESCUBRE IBERLEY IA

Si necesitas una **solución avanzada de inteligencia legal**, con cobertura total de materias y documentos, entra en **www.iberley.es** y accede a todas las funcionalidades profesionales:

CUADRO SIMBÓLICO DE FUNCIONALIDADES		
Funcionalidad	**En los libros Colex**	**En Iberley.es**
Preguntar sobre el contenido del libro	✓	✓
Solicitar explicaciones jurídicas	✓	✓
ChatBot integrado al contenido del libro	✓	✓
Consultas sobre otras materias	✗	✓
Análisis de documentos externos	✗	✓
Generación de escritos jurídicos	✗	✓
Traducción jurídica	✗	✓
Informes y resúmenes legales automáticos	✗	✓
Contratos, guías prácticas y emails para clientes	✗	✓
Estrategias judiciales y jurisprudencia instantánea	✗	✓

CÓMO DEFENDERTE DE LOS FRAUDES EN *INTERNET*

Análisis de las distintas clases de estafa informática
y cómo reclamar tras ser víctima de un fraude

CÓMO DEFENDERTE DE LOS FRAUDES EN *INTERNET*

Análisis de las distintas clases de estafa informática
y cómo reclamar tras ser víctima de un fraude

EDICIÓN 2025

**Obra realizada por el Departamento de
Documentación de Iberley**

COLEX 2025

© Editorial Colex, S.L.
Calle Costa Rica, número 5, 3.º B (local comercial)
A Coruña, 15004, A Coruña (Galicia)
info@colex.es
www.colex.es

I.S.B.N.: 979-13-7011-312-4
Depósito legal: C 1293-2025

SUMARIO

ANEXO I.
CASOS PRÁCTICOS

ANEXO II.
FORMULARIOS

0.
INTRODUCCIÓN

La aparición de las nuevas tecnologías y, especialmente, de *Internet*, ha supuesto una gran revolución en la sociedad y ello determina la adaptación de los distintos ámbitos de la vida a estas novedades. Dicha revolución no solo ha supuesto **mejoras sustanciales en la vida de las personas**, sino que también ha provocado la **aparición de conductas delictivas nuevas,** proliferando, desde un punto de vista negativo, los cada vez más frecuentes fraudes a través de *Internet* en sus distintas formas. A título de ejemplo cabe citar los casos de *phishing*, *vishing*, *smishing*, *pharming*, *catfishing*, *spoofing*, *SIM swapping*, *carding*, entre otros.

El crecimiento exponencial de la relevancia de los delitos informáticos a lo largo de los años ha sido consecuencia del incremento del ciberespacio y el aumento de la población en el ámbito de *Internet*, y ello ha supuesto la introducción de figuras penales para dar respuesta a lo anterior incorporando a las figuras tradicionales, otras paralelas que responden al uso de las nuevas tecnologías. Así pues, han sido numerosas las normas que han contribuido a dar respuesta a esta situación, bien mediante la **identificación de los tipos de fraudes existentes en el ámbito de las nuevas tecnologías**, bien fomentando la **protección de los ciudadanos ante la aparición de las nuevas conductas**.

Ya la Ley Orgánica 10/1995, de 23 de noviembre, del Código Penal (en adelante, CP), contemplaba varios **delitos informáticos**: descubrimiento y revelación de secretos (art. 197 del CP), estafa (art. 248.2 del CP) y los daños informáticos (art. 264 del CP). Estas conductas han ido desarrollándose a lo largo de los años adaptándose a la evolución tecnológica y de *Internet*.

Además de la evolución de las tecnologías, también contribuye al desarrollo de dichas conductas delictivas la necesidad de incorporar a nuestro ordenamiento jurídico la normativa europea. Así pues, un **avance importante** en esta materia se ha producido con la reforma derivada de la **LO 1/2015, de 30 de marzo**, por la que se desarrollan, a efectos de trasponer la Directiva 2013/40/UE, de 12 de agosto, las conductas relativas a los **delitos de descubrimiento y revelación de secretos, así como los delitos de daños informáticos**.

Esta modificación pretende superar las limitaciones de la regulación vigente en ese momento y ofrecer respuesta a la delincuencia informática en el sentido de la normativa europea. Con ella **se separan claramente los casos de revelación de datos que afectan directamente a la intimidad personal y el acceso a otros datos o informaciones que pueden afectar a la privacidad pero que no están referidos directamente a la intimidad personal**, tipificando separadamente el mero acceso a los sistemas informáticos. A estos efectos tener en cuenta la nueva regulación contenida en los artículos 197 a 197 quinquies del CP.

En la misma línea, también se diferencian los **daños informáticos y las interferencias en los sistemas de información** como se refleja en la nueva regulación contenida en los artículos 264 a 264 quater del CP.

Otra norma importante en la materia es la **Ley Orgánica 14/2022, de 22 de diciembre**, que refuerza y complementa la finalidad de la LO 1/2015, de 30 de marzo, y la trasposición de la citada Directiva 2013/40/UE, de 12 de agosto, a la vez que supone la trasposición de la Directiva (UE) 2019/713 del Parlamento Europeo y del Consejo, de 17 de abril de 2019, aun cuando queda trabajo por hacer en este sentido. Constituye un importante avance técnico en la regulación de las distintas conductas, así se aglutinan en el **artículo 248 del CP la figura tradicional de la estafa con sus distintas tipologías y en el artículo 249 del CP las estafas informáticas o ciberestafas**, descritas de forma más detallada que cuando se preveían en el artículo 248.2 del CP.

Como reflejo ilustrativo de la evolución expuesta resulta interesante la lectura de la **STS n.º 205/2025, de 4 de marzo, ECLI:ES:TS:2025:998**.

Respecto del concepto de fraude a través de *Internet* cabe entender como tal **aquellas actividades delictivas realizadas a través de Internet en las que mediante el engaño a las personas se pretende obtener un beneficio patrimonial**.

No obstante, cabe distinguir entre la conducta genérica de la estafa del artículo 248 del CP y las estafas informáticas del artículo 249 del CP, coincidiendo ambas en la concurrencia de elementos como el ánimo de lucro, el acto de disposición patrimonial en perjuicio de un tercero y la defraudación es el elemento del engaño y el método utilizado para cometer el delito lo que distingue ambas figuras.

El **elemento del engaño** constituye «el alma de la infracción» en el tipo básico de la estafa (**STS n.º 627/2023, de 19 de julio, ECLI:ES:TS:2023:3486**), sin embargo, no se identifica como elemento propio de la estafa informática en el que dicho engaño es sustituido por la acreditación de una manipulación informática, como resulta de lo dispuesto en la **STS n.º 1004/2022, de 28 de diciembre, ECLI:ES:TS:2022:4966**.

En definitiva, son notas comunes a las dos conductas delictivas el ánimo de lucro, el perjuicio patrimonial y acto de disposición. Por su parte, la **principal diferencia entre la estafa y la estafa informática radica en el método utilizado para cometer el delito**. Mientras que la estafa tradicional se basa en el engaño personal para inducir a error a la víctima, la estafa informática se basa en la manipulación de sistemas informáticos o el uso de artificios tecnológicos para realizar transferencias no consentidas de activos.

Finalmente, establecida la diferencia entre ambas figuras, cabe hacer referencia a la defensa frente a los fraudes en *Internet*. En este sentido, además de las medidas que a título personal puedan adoptar las personas usuarias frente a conductas sospechosas de ser fraudulentas, destaca el papel del INCIBE y sus recomendaciones en materia de ciberseguridad. Asimismo, es imprescindible que las entidades bancarias establezcan mecanismos de defensa ante estos ataques y que se vayan actualizando ante la rápida evolución de las nuevas tecnologías.

Producido el fraude, la persona usuaria, siempre que en ella no concurra negligencia grave, podrá acudir a la entidad bancaria a fin de obtener la restitución de los importes que le hayan sido sustraídos fraudulentamente. Será dicha entidad la que ostente la carga de la prueba respecto de la negligencia de la persona usuaria del sistema.

Además de la vía civil, también se podrá reclamar ante la jurisdicción penal por un delito de estafa informática del artículo 249 del CP yendo las penas desde los 6 meses a los 3 años.

1.
LOS FRAUDES EN INTERNET

La estafa informática: concepto y diferencias con la estafa tradicional

El fraude a través de *Internet* hace referencia a aquellas **actividades delictivas realizadas a través de Internet en las que mediante el engaño a las personas se pretende obtener un beneficio patrimonial**. Se identifica esta definición con el concepto legal de estafa respecto del cual la RAE señala que es el *«delito consistente en provocar un perjuicio patrimonial a alguien mediante engaño y con ánimo de lucro»*.

Nuestro CP regula las estafas en los **artículos 248 a 251 bis del CP**:

- Artículo 248 del CP: tipo básico de estafa.
- Artículo 249 del CP: alude a las estafas informáticas o ciberestafas y a los actos preparatorios para la comisión de estos delitos.
- Artículo 250 del CP: agravantes de estafa.
- Artículo 251 del CP: conductas de estafas agravadas.
- Artículo 251 bis del CP: responsabilidad de las personas jurídicas.

‖ La estafa (art. 248 del CP)

El artículo 248 del CP señala que *«Cometen estafa los que, con ánimo de lucro, utilizaren engaño bastante para producir error en otro, induciéndolo a realizar un acto de disposición en perjuicio propio o ajeno»*.

A la hora de establecer la pena de estos delitos distingue **según la cuantía defraudada exceda o no de 400 euros** y prevé como **criterios a tener en cuenta** para fijar la misma los siguientes:

- El importe de lo defraudado.
- El quebranto económico causado al perjudicado.
- Las relaciones entre este y el defraudador.

- Los medios empleados por este.
- Otras circunstancias que sirvan para valorar la gravedad de la infracción.

Atendiendo a la jurisprudencia, caso de la **STS n.º 525/2025, de 9 de junio, ECLI:ES:TS:2025:2626**, que cita otras anteriores, los **elementos necesarios para que concurra el delito de estafa del artículo 248 del CP** se pueden sintetizar en los siguientes:

- **Engaño**: constituye requisito esencial que ha de ser considerado con entidad suficiente para producir el traspaso patrimonial de carácter precedente o concurrente a la defraudación, maliciosamente provocado.

- **Error esencial en el sujeto pasivo**: da por ciertos los hechos mendaces simulados por el agente, conocimiento inexacto de la realidad del desplazamiento originador del perjuicio o lesión de sus intereses económicos.

- **Acto de disposición patrimonial** consecuencia del engaño sufrido.

- **Ánimo de lucro**, ya sea en beneficio propio o de un tercero, deducible del complejo de los actos realizados.

- **Nexo causal entre el engaño provocado y el perjuicio experimentado**, apareciendo este como inexorable resultado, toda vez que el dolo sobrevenido y no anterior a la celebración del negocio de que se trata equivale a un mero incumplimiento de lo pactado, el que incluso, siendo intencional, carece de relevancia penal y debe debatirse exclusivamente en el campo privado.

- **Propósito de no cumplir o de tan sólo iniciar su cumplimiento**, para desembocar en un definitivo incumplimiento. Se trata del «*elemento puramente subjetivo del conocimiento e intención clara del sujeto de no cumplir con las estipulaciones marcadas en el contrato con la otra parte, y ello aunque haya iniciado, incluso, el cumplimiento de lo pactado entre las partes, ya que, si lo que pretendía era no cumplir definitivamente, no excluye la comisión del delito de estafa el hecho de que el sujeto haya dado inicio al cumplimiento de su prestación y posteriormente cese en este cumplimiento cuando era ésta su idea inicial*».

|| La estafa informática (art. 249 del CP)

Las conductas delictivas comprendidas en las **ciberestafas se describen en el artículo 249 del CP** respecto de las cuales se fija una **pena específica para todas ellas, autónoma e invariable por la cuantía de lo defraudado**, es decir, independientemente del valor económico de la defraudación (**STS n.º 205/2025, de 4 de marzo, ECLI:ES:TS:2025:998**).

Así señala el citado precepto:

«1. También se consideran reos de estafa y serán castigados con la pena de prisión de seis meses a tres años:

a) Los que, con **ánimo de lucro, obstaculizando o interfiriendo indebidamente en el funcionamiento de un sistema de información o introduciendo, alterando, borrando, transmitiendo o suprimiendo indebida-**

mente datos informáticos o valiéndose de cualquier otra manipulación informática o artificio semejante, consigan una transferencia no consentida de cualquier activo patrimonial en perjuicio de otro.

b) Los que, **utilizando de forma fraudulenta tarjetas de crédito o débito, cheques de viaje o cualquier otro instrumento de pago material o inmaterial distinto del efectivo o los datos obrantes en cualquiera de ellos, realicen operaciones de cualquier clase en perjuicio de su titular o de un tercero.**

2. Con la misma pena prevista en el apartado anterior serán castigados:

a) Los que fabricaren, importaren, obtuvieren, poseyeren, transportaren, comerciaren o de otro modo facilitaren a terceros dispositivos, instrumentos o datos o **programas informáticos, o cualquier otro medio diseñado o adaptado específicamente para la comisión de las estafas previstas en este artículo.**

b) Los que, para su utilización fraudulenta, **sustraigan, se apropiaren o adquieran de forma ilícita tarjetas de crédito o débito, cheques de viaje o cualquier otro instrumento de pago material o inmaterial distinto del efectivo.**

3. Se impondrá la pena en su mitad inferior a los que, para su utilización fraudulenta y sabiendo que fueron obtenidos ilícitamente, **posean, adquieran, transfieran, distribuyan o pongan a disposición de terceros tarjetas de crédito o débito, cheques de viaje o cualesquiera otros instrumentos de pago materiales o inmateriales distintos del efectivo**».

Entre los **elementos de la estafa informática** cabe hacer referencia al **ánimo de lucro, al acto de disposición patrimonial en perjuicio de un tercero y a la defraudación**. No obstante, respecto del engaño surgen dudas. Así, este **elemento del engaño** constituye «el alma de la infracción» en el tipo básico de la estafa (STS n.º 627/2023, de 19 de julio, ECLI:ES:TS:2023:3486), sin embargo, **no se identifica como elemento propio de la estafa informática en el que dicho engaño es sustituido por la acreditación de una manipulación informática**, como resulta de lo dispuesto en la **STS n.º 1004/2022, de 28 de diciembre, ECLI:ES:TS:2022:4966**, la cual señala:

> «El **tipo penal precisa de un componente objetivo consistente en la realización de una manipulación que sustituye al engaño a una persona determinada propio de la estafa ordinaria.** Lo que aconteció claramente en este supuesto, pues se manipuló un correo electrónico para que ofreciera una procedencia simulada y al que se incorporó como beneficiaria a la empresa de los acusados, que no tenía ninguna relación mercantil con la empresa que había realizado la venta. De este modo, se logró que la empresa deudora activara de manera desviada el trámite de pagos societarios y lo hiciera a favor de la empresa de los recurrentes. Su comportamiento se ajusta así a la acción típica, sin que resulte oportuno analizar comportamientos delictivos que nada tienen que ver con el desplegado, en concreto, la alusión al Phising y a la función auxiliar (mula) que expresa el motivo».

A TENER EN CUENTA. Resulta interesante respecto de las estafas informáticas la lectura de la Consulta 1/2024, de 21 de marzo, de la Fiscalía General del Estado.

‖ ¿Cuál es la diferencia entre la estafa y la ciberestafa?

Esta diferenciación ha sido abordada por el Consejo General de la Abogacía Española que centra la distinción en la **finalidad de utilizar una u otra conducta delictiva**. Así pues, cabe señalar:

- La **estafa tradicional busca engañar a una persona concreta** con la finalidad de que incurra en un error en la apreciación de la realidad que le lleve a realizar un acto de disposición patrimonial. Exige esta conducta, por tanto, una relación interpersonal.

- La **ciberestafa, además de realizarse a través de medios tecnológicos avanzados, supone que estos sean utilizados específicamente con la finalidad de generar reacciones automáticas en un sistema mecánico, es decir, requiere que se manipule el sistema informático** o que se empleen de forma fraudulenta instrumentos de pago material o inmaterial distinto del efectivo o los datos obrantes en ellos.

En definitiva, son notas comunes a las dos conductas delictivas el ánimo de lucro, el perjuicio patrimonial y acto de disposición. Por su parte, la **principal diferencia entre la estafa y la estafa informática radica en el método utilizado para cometer el delito**. Mientras que la estafa tradicional se basa en el engaño personal para inducir a error a la víctima, la estafa informática se basa en la manipulación de sistemas informáticos o el uso de artificios tecnológicos para realizar transferencias no consentidas de activos.

INCIBE

En materia de ciberseguridad y con la finalidad de impulsar un uso seguro del ciberespacio en España podemos hacer referencia al **Instituto Nacional de Ciberseguridad de España (INCIBE)**. Se trata de una sociedad dependiente del Ministerio para la Transformación Digital y de la Función Pública cuya actividad se basa en la **investigación, la prestación de servicios y la coordinación con los distintos agentes competentes en la materia**.

Actúa como **entidad de referencia** en el desarrollo de la ciberseguridad y de la confianza digital de los ciudadanos, la red académica y de investigación española, así como las empresas, liderando diferentes actuaciones para la ciberseguridad tanto a nivel nacional como internacional. Entre sus **objetivos** cabe citar:

- Mejorar la ciberseguridad y la confianza digital.

- Proteger y defender a los ciudadanos y empresas españolas.

- Potenciar la industria española de ciberseguridad.

- Impulsar la investigación y desarrollo de ciberseguridad en España.

- Identificar, generar, atraer y desarrollar profesionales del sector de ciberseguridad.

Para la consecución de sus objetivos **inspira su actuación en valores** como la vocación de servicio público, espíritu neutral y colaborativo, proactividad y flexibilidad, excelencia, innovación, desempeño responsable y transparente, así como la colaboración nacional e internacional.

A TENER EN CUENTA. El contenido de este punto se basa en la información recogida en la web oficial del INCIBE.

2.
TIPOS DE FRAUDES

Los fraudes en *Internet* y sus distintas modalidades

En la actualidad existen distintos tipos de estafas que se pueden llevar a cabo a través de *Internet* y que aumentan cada día según van evolucionando las nuevas tecnologías.

En un principio podemos realizar distintas clasificaciones en función del medio utilizado para llevar a cabo la estafa, la persona a la que va dirigido, etc., y en muchas ocasiones estos ataques pueden encuadrarse en más de una de estas clasificaciones.

A continuación, describimos los tipos de estafas más habituales.

2.1. *Phishing*

¿Qué es el *phishing*?

El *phishing* es una técnica empleada por ciberdelincuentes con la finalidad de engañar a las personas para que faciliten información personal confidencial. El término hace alusión a la pesca, entendiéndose como una «pesca de datos protegidos».

Existen muchas modalidades de *phishing,* pero la más habitual es aquella en la que los ciberdelincuentes «suplantan la identidad» de una persona o entidad (por ejemplo, un banco), enviando un correo electrónico o un mensaje de texto haciéndose pasar por el suplantado. La víctima, en la creencia de estar recibiendo información de una entidad legítima, accede al enlace facilitado y revela datos protegidos.

Habitualmente el correo electrónico o el SMS busca asustar a la víctima, exigiéndole que acceda a algún enlace a fin de solucionar la situación. Una vez ha hecho clic en el enlace se le redirecciona a una página web que imita y simula a la de la entidad suplantada, en la que se le pide que se registre con sus datos y contraseñas, lo que es aprovechado por los ciberdelincuentes para quedarse con la información de inicio de sesión y poder robar su identidad.

Una de las modalidades más comunes de *phishing* es el **phishing bancario** que de acuerdo con la **sentencia del Tribunal Supremo n.° 291/2021, de 7 de abril, ECLI:ES:TS:2021:1601**, *«(...) consiste en el envío de un enlace, normalmente de una entidad bancaria, al correo electrónico o al teléfono móvil de la víctima, de manera que cuando el receptor pincha sobre el mismo, cree estar en la página oficial correspondiente y al poner las claves personales de acceso, las mismas son extraídas y utilizadas con posterioridad por terceros, en éste caso los acusados, para realizar transferencias no queridas por la víctima (...)»*.

Si bien, los estafadores conocidos como *phisher* pueden hacerse pasar por una empresa de confianza, como una compañía telefónica, otras veces lo hace mediante la creación de páginas web que imitan la página original de una entidad bancaria o de una empresa de reconocido prestigio en el mercado, u otras veces pueden usar llamadas telefónicas masivas realizadas a numerosos usuarios en las que se simula ser un empleado u operador de esa empresa de confianza.

En definitiva, siempre se va a tratar de una aparente comunicación «oficial» que pretende engañar al receptor o destinatario a fin de que este le facilite datos bancarios o de tarjeta de crédito, creyendo que es a su entidad bancaria o a otra empresa igualmente solvente y conocida a quien está suministrando dichos datos (**sentencia de la Audiencia Provincial de Madrid n.° 412/2020, de 28 de septiembre, ECLI:ES:APM:2020:11402**).

¿Cómo podemos defendernos del *phishing*?

Para prevenir el *phishing* es importante detectar las señales que nos ayuden a identificarlo para así intentar evitar ser estafados.

La Organización de Consumidores y Usuarios (OCU) destaca 4 puntos a tener en cuenta para distinguir estos ataques:

- Comprobar si el nombre del remitente es conocido y, en su caso, si su dirección de correo electrónico es legítima. En este aspecto es importante comprobar que el dominio de la dirección de correo electrónico se corresponde con la entidad de la que dice provenir.

- Como los *phisher* suelen utilizar traductores automáticos, también resulta importante prestar atención a las faltas ortográficas y a los errores de concordancia o de redacción.

- Otra recomendación de la OCU consiste en pasar el ratón por encima de cualquier enlace o link que contenga el correo. Al hacerlo suele mostrarse la dirección URL a la que dirige el link que, si no coincide con la que figura en el link, o con la del sitio que en teoría representa, probablemente estemos ante un supuesto de *phishing*.

- Atender al contenido de los mensajes, ya que cuando se refieren a premios en los que no se participó, ofertas de trabajo a las que no apuntó, multas que no constan, avisos amenazantes de bloqueos de cuentas..., suele tratarse de este tipo de ciberataques.

A mayores hay que ser especialmente cautos a la hora de facilitar datos por *Internet*, debemos asegurarnos antes de quién será el destinatario. Cuando se nos soliciten estos datos personales debe comprobarse la URL prestando atención a si no estamos en la dirección oficial del sitio web, aunque el nombre sea similar (con letras o símbolos añadidos, o errores ortográficos). También es importante asegurarse de que la URL comience por «https://».

El Instituto Nacional de Ciberseguridad (INCIBE) también considera importante a la hora de identificar una campaña de *phishing* prestar atención a los correos que generen sensación de urgencia, y a las comunicaciones impersonales (ya que las entidades legítimas suelen referirse al destinatario con nombre y apellidos).

2.2. *Pharming*

¿Qué es el *pharming*?

En esta ocasión, el término *pharming* deriva de la unión de «phishing» y «farming» (cultivo). Con él se alude a la estafa consistente en el uso de páginas webs fraudulentas a las que se dirige a las víctimas y que imitan a las auténticas. La víctima piensa que está navegando en el sitio web auténtico y facilita sus credenciales que son utilizadas por el atacante para apropiarse de su identidad.

Este tipo de *phishing*, también conocido como de ingeniería social, encuentra sus dos principales ejemplos en el *pharming* de *malware* y en el envenenamiento de DNS.

Por su parte el Real Decreto 43/2001, de 26 de enero, por el que se desarrolla el Real Decreto-ley 12/2018, de 7 de septiembre, de seguridad de las redes y sistemas de información, define el *pharming* como *«Ataque informático que aprovecha vulnerabilidades de los servidores DNS (Domain Name System). Al tratar de acceder el usuario al sitio web, el navegador redirigirá automáticamente al usuario a una dirección IP donde se aloja una web maliciosa que suplanta la auténtica, y en la que el atacante podrá obtener información sensible de los usuarios»*.

Pero **¿que son los servidores DNS?** Son aquellos software encargados de traducir las direcciones IP a nombres de dominio.

CUESTIÓN

¿Cómo se llevan a cabo los envenenamientos de DNS?

En estos ataques se interrumpe el proceso por el cual el servidor DNS convierte el dominio en una dirección IP, redirigiendo a direcciones IP falsas que llevan a su vez a páginas web también falsas.

Asimismo, en ocasiones para la comisión de este fraude informático, la organización criminal se vale de «mulas» para ejecutar la defraudación y obtener desplazamiento patrimonial, de los que en palabras del **Tribunal Supremo en su sentencia n.º 834/2012, de 25 de octubre, ECLI:ES:TS:2012:8284**, se valen los autores *«para poder extraer esos fondos sin suscitar sospechas en la entidad bancaria y, una vez obtenidos aquéllos, colocarlos en un país que asegure la impunidad del desapoderamiento»*.

La conducta de la mula se analiza en relación con las etapas previas a la ejecución del delito constituiría una etapa más de la actividad defraudatoria y, en consecuencia, se ha de considerar una estafa en la que la mula interviene como cooperador necesario.

¿Cómo podemos protegernos del *pharming*?

El Instituto Nacional de Ciberseguridad (INCIBE) recomienda:

- Instalar aplicaciones como antivirus, *antimalware* y *antiphishing* y mantenerlas actualizadas.

- Tener el control de nuestro propio rúter o poner el rúter de nuestro proveedor en modo *bridge* (del inglés: puente) y utilizar nuestras propias DNS, podría evitar que el proveedor de *Internet* (ISP) nos haga DNS *hijacking* para redirigirnos a páginas con publicidad cuando la web solicitada no se encuentre o dé un error, sin olvidarnos de revisar de forma periódica que las DNS que está utilizando nuestro rúter no han sido modificadas.

- Actualizar el *firmware* o sistema operativo del rúter, evitando así posibles vulnerabilidades que pudieran ser explotadas por un atacante.

- Cambiar los datos de acceso por defecto al rúter por otros personalizados, manteniendo una política de contraseñas seguras y robustas.

- Utilizar servidores DNS (de nombres de dominio) seguros, es decir, sobre HTTPS o sobre TLS, los cuales mandan las peticiones cifradas, siendo más difícil suplantar la identidad.

- Descargar aplicaciones solo desde las páginas oficiales, las cuales suelen contar con un certificado de seguridad HTTPS.

- No hacer clic en enlaces extraños, ni acceder a páginas de dudosa reputación, así como tampoco abrir correos con publicidad «gancho» o de remitentes desconocidos.

2.3. *Juice jacking*

¿Qué es el *juice jacking*?

El *juice jacking* es uno de los tipos que existen de ciberataque.

En esta modalidad los estafadores aprovechan los puertos USB públicos para acceder a la información de los dispositivos móviles que se conectan a ellos. El término proviene del juego de palabras en inglés entre *juice* (palabra coloquial para referirse a la carga) y *jacking* (robo).

Así, cuando un dispositivo móvil se conecta a un puerto USB, este no tiene por qué transmitir únicamente energía, sino también datos. Si ese puerto ha sido manipulado por un ciberdelincuente, puede utilizar esa conexión para robar fotos, contraseñas, archivos sensibles o incluso instalar virus en tu dispositivo sin que te des cuenta.

¿Cómo podemos protegernos del *juice jacking*?

Para protegernos del *juice jacking* el Instituto Nacional de Ciberseguridad (INCIBE) establece una serie de recomendaciones a seguir:

- Conectar siempre el cargador del dispositivo móvil a una toma de corriente eléctrica y no a puertos USB públicos. Lleva contigo el cargador original de tu móvil y busca enchufes convencionales en lugar de estaciones de carga USB.

- Llevar siempre que sea posible una batería externa (*power bank*). Según el INCIBE esta podría ser una de las soluciones más cómodas y seguras para mantener el móvil cargado en cualquier momento, sin depender de cargas en sitios públicos.

- Evitar usar cables públicos, prestados o de personas desconocidas. Los cables pueden ser manipulados para registrar y transmitir datos sin levantar sospechas. Por lo que es altamente recomendable utilizar siempre los cables propios.

- Utilizar un adaptador USB con bloqueo de datos (*Data blocker*). Este pequeño dispositivo actúa como un filtro: permite que fluya la energía para cargar tu móvil, pero bloquea cualquier intento de transferencia de datos a través del cable.

- Configurar el dispositivo para bloquear la transferencia de datos. Hay que asegurarse siempre de seleccionar siempre la opción de «solo carga» o configurar el dispositivo para que esa sea la opción predeterminada. Esto reduce las posibilidades de que un puerto malicioso acceda a tu información. Para más información de cómo hacerlo, debemos visitar las web oficiales de iOS y Android.

- Activar la protección con contraseña o biometría en el dispositivo. Aunque esta opción no evitaría directamente el *juice jacking*, sí añade una capa extra de protección frente al acceso no autorizado, en caso de que se produzca una intrusión.

2.4. *Tabnabbing*

¿Qué es el *tabnabbing*?

El *tabnabbing* es otra modalidad de *phishing* a través de la cual el ciberdelincuente aprovecha las pestañas que el usuario se ha dejado abiertas en su navegador, y así los estafadores modifican el contenido de una pestaña inactiva para que parezca una página legítima, como la de una entidad bancaria o correo electrónico, con el objetivo de robar las contraseñas.

Si bien, existen dos modalidades de llevar a cabo la estafa que son las siguientes de acuerdo con el INCIBE:

- *Tabnabbing* clásico (o pasivo)

Este es el tipo más común. Ocurre cuando el usuario visita una página aparentemente inofensiva y luego cambia a otra pestaña. Mientras la pestaña original está inactiva, el contenido se reemplaza por una página falsa que imita un sitio legítimo (como Gmail, Facebook o un banco). Cuando el usuario regresa, cree que su sesión ha expirado y vuelve a ingresar sus credenciales, que son capturadas por el atacante.

- *Reverse tabnabbing* (o tabnabbing inverso)

Este tipo de ataque ocurre cuando haces clic en un enlace que abre una nueva pestaña en tu navegador. El problema es que esa nueva pestaña puede hacer que la anterior cambie automáticamente y te muestre una página falsa. De esta forma, si vuelves a esa pestaña sin darte cuenta, podrías introducir tus datos personales en una web falsa.

Ambos tipos explotan la confianza del usuario en las pestañas abiertas y suponen un riesgo serio para la seguridad de la información personal y corporativa.

¿Cómo podemos protegernos del *tabnabbing*?

El INCIBE hace las siguientes recomendaciones al respecto:
- **Hay que cerrar las pestañas que no estés usando**: las páginas maliciosas pueden cambiar su contenido mientras están abiertas en un segundo plano. Si no se están usando una pestaña, especialmente si no es un sitio conocido o confiable, debemos cerrarlas.
- **Verificar siempre la URL**: los ciberdelincuentes imitan páginas legítimas, pero la dirección web (URL) suele tener errores o diferencias. Antes de escribir el usuario o contraseña, hay que comprobar la barra de direcciones y verificar si es la dirección correcta o tiene el candado de conexión segura.
- **No reutilizar contraseñas**: si se usa la misma contraseña en varios sitios y uno es comprometido, los ciberdelincuentes pueden acceder

a todos los demás. Usa una contraseña diferente para cada cuenta. Si es difícil recordarlas, se puede hacer uso de los gestores de contraseñas (como *Bitwarden*, *1Password* o *LastPass*).

- **Activar la autenticación en dos pasos (2FA)**: aunque alguien robe las contraseñas, no podrá entrar sin el segundo paso (un código que llega a tu móvil, correo o aplicación). Se puede hacer uso de apps como Google *Authenticator* o *Authy.*

- **Mantener el navegador actualizado**: las actualizaciones corrigen errores y vulnerabilidades que los ciberdelincuentes pueden usar. Hay que asegurarse de tener activadas las actualizaciones automáticas o bien, revisar manualmente si hay una nueva versión del navegador.

- **Utilizar extensiones de seguridad**: algunas extensiones bloquean scripts maliciosos que podrían cambiar el contenido de una pestaña. Se pueden instalar extensiones como:

  » *uBlock Origin*: bloquea anuncios y scripts sospechosos.

  » *NoScript*: permite controlar qué scripts se ejecutan en cada página (recomendado para usuarios más avanzados).

2.5. A través de *Bizum*

¿Cómo se llevan a cabo los fraudes a través de *Bizum*?

La estafa más común a través de *Bizum* es el denominado ***Bizum inverso,*** a través de esta modalidad, basada en el engaño y la confusión, en una operación habitual de *Bizum* una persona hace entender a otra que le está enviando dinero, pero lo que realmente está haciendo la persona estafadora es enviar una solicitud de dinero en lugar de un pago.

A modo de ejemplo, un usuario vende en una página de compraventa online y recibe un mensaje de un posible interesado en los productos que publicita. Finalmente, el supuesto comprador accede a comprar el producto y le envía un *Bizum* de 300 euros a modo de pago. El comprador en ese *Bizum* envía un enlace que la vendedora pincha pensado que de esta manera acepta el *Bizum*, y de esta manera la vendedora en lugar de recibir los 300 euros acabó autorizando un pago desde su propia cuenta.

Asimismo, para protegernos de este tipo de estafa el INCIBE hace las siguientes recomendaciones:

- Antes de actuar revisar si se trata de aceptar un ingreso o es una solicitud de pago.

- En ocasiones el *Bizum* inverso viene de una solicitud de dinero por parte de alguien conocido de la persona estafada. En estos casos se debe comprobar siempre la identidad a través de otro medio como, por ejemplo, realizando una llamada a esa persona.

- Para recibir dinero por *Bizum* no hace falta realizar ninguna acción, el dinero llega a la cuenta sin necesidad de acceder a ningún enlace ni aceptar el *Bizum*.

- No compartir información personal o bancaria con desconocidos.

- Si la oferta es demasiado buena se debe desconfiar.

- Configurar alertas en la app bancaria correspondiente para recibir notificaciones sobre cualquier movimiento y activar la autentificación de dos factores si es posible.

- No se deben aceptar solicitudes de dinero de desconocidos.

CUESTIÓN

¿Qué es la autentificación en dos factores?

Es una verificación en dos pasos, una medida de seguridad adicional a la contraseña que es utilizada habitualmente para protegerse del acceso no autorizado en las cuentas de los usuarios online.

- Primer paso: contraseña o código PIN.

- Segundo paso: algo que el usuario posee como un dispositivo móvil, una llave física, dispositivo USB, etc. A este dispositivo se envía o permite generar un código único temporal conocido como OTP que habrá que introducir en el proceso de login.

Pero, **en caso de ser víctima de una estafa de *Bizum* inverso, ¿qué hacer?** El INCIBE señala que es importante actuar con rapidez y además establece los siguientes pasos a seguir:

- Bloquear al número del estafador para evitar que pueda volver a ponerse en contacto.

- En caso de que la estafa se haya llevado a cabo a través de una plataforma de compraventa online reportar al ciberdelincuente a la misma para que puedan tomar medidas al respecto.

- Recopilar todas las evidencias que sean posibles, como capturas de pantalla de los mensajes, detalles del pago y cualquier información que sea relevante.

- Denunciar la estafa ante las Fuerzas y Cuerpos de Seguridad del Estado.

- Contactar con la entidad bancaria vinculada a la cuenta de *Bizum* y presentar la denuncia.

- En caso de que la entidad bancaria no ofrezca ninguna solución se debe elevar la reclamación al Banco de España.

2.6. *Bluesnarfing*

¿Qué es el *bluesnarfing*?

Este tipo de fraude se produce cuando los ciberdelincuentes aprovechan las vulnerabilidades en las conexiones *Bluetooth*, y así poder acceder de forma no autorizada a dispositivos cercanos que también se encuentran conectados vía *bluetooth.*

Para que lo anterior suceda esta tecnología tiene que encontrarse activa y visible, especialmente si el dispositivo no cuenta con las autorizaciones de seguridad más recientes y los atacantes deben encontrarse a poca distancia ya que el alcance del *bluetooth* no suele alcanzar más de 15 metros.

El peligro de este tipo de ataque es que muchas personas usan *bluetooth* a diario para conectar todo tipo de dispositivos como auriculares, altavoces, sistemas de manos libres y a menudo se descuidan las medidas de seguridad necesarias. Por lo tanto, lugares públicos como pueden ser centros comerciales, aeropuertos o eventos concurridos son entornos perfectos para este tipo de ciberdelincuentes, que aprovechan la cercanía y las conexiones activas para llevar a cabo la estafa.

Para poder detectar si se ha sido víctima de *bluesnarfing*, podemos atender a los siguientes indicios:

- **El dispositivo se comporta de una forma extraña**. Por ejemplo, si el dispositivo móvil se bloquea de manera inesperada o puede apreciarse que desde las aplicaciones se han enviado mensajes que el propietario del dispositivo no envió.

- **El dispositivo consume batería de una forma elevada**. Un incremento repentino y anormal del consumo de batería.

- **Se aprecia una conexión desconocida en el historial**. Se debe revisar el historial de dispositivos conectados a través *bluetooth*. Si se encuentra algún dispositivo desconocido podría ser un signo de *bluesnarfing.*

- **Actividad sospechosa en las cuentas del usuario**. En caso de encontrar inicios de sesión no reconocidos, compras no autorizadas o movimientos sospechosos en las cuentas bancarias o perfiles en línea.

¿Cómo pueden protegerse los dispositivos del *bluesnarfing*?

El INCIBE destaca las siguientes medidas a adoptar:

- Es recomendable desactivar siempre el *bluetooth* cuando no se esté utilizando.

- Evitar tener el *bluetooth* en modo visible.

- Evitar conexiones desconocidas o automáticas.

- Cambiar la contraseña predeterminada del *bluetooth.*

- Revisar periódicamente la lista de dispositivos conectados a *bluetooth.*
- Eliminar los dispositivos enlazados que ya no se estén utilizando.

2.7. *Catfishing*: estafa del amor

¿Qué es el *catfishing*?

La estafa de *catfishing* es comúnmente conocida como la «estafa del amor». Este tipo de fraude consiste en **crear una identidad falsa con la intención de engañar a otra persona**.

A modo de ejemplo, podemos traer a colación el caso enjuiciado por **el Juzgado de lo Penal número 3 de A Coruña a través de su sentencia n.º 218/2024, de 13 de junio**, que condenó a un hombre a dos años y dos meses de prisión por estafar 1.500 euros a una vecina de la ciudad mediante una «estafa del amor».

En este caso, el magistrado **consideró probado que el acusado, de 51 años, contactó con la víctima en marzo de 2021 a través de Facebook, iniciando una relación afectiva a distancia**. Utilizando una serie de mentiras y chantajes emocionales, el condenado logró que la víctima le transfiriera 1.500 euros bajo la falsa promesa de devolver el dinero. Una vez recibido el dinero, el acusado rompió el contacto con la víctima:

> «Estimo que el merecimiento de pena exige tener en cuenta el hecho de que para obtener el indebido beneficio económico, el acusado no solo empleó una serie de falacias corrientes (hacerse pasar por un empresario de un importante grupo empresarial, fingir una operación de compraventa para la que necesitaba dinero...), sino que acudió al chantaje emocional jugando con los sentimientos de la perjudicada a la que engatusó en el plano afectivo con su palabrería del señorío y del mundo del toro y del vino, etc., lo que exige una respuesta retributiva acorde con el mayor daño producido en la víctima. Por ello, se impondrá la pena de 2 años y 2 meses de prisión y accesoria de inhabilitación especial para el derecho de sufragio pasivo durante el tiempo de la condena (art. 56.1.2ª CP)».

El juez destaca que el acusado se hizo pasar por un empresario de un importante grupo empresarial y fingió necesitar financiación para una operación de exportación. La víctima, creyendo en la veracidad de las afirmaciones del acusado, realizó dos transferencias de 750 euros cada una en abril de 2021. El condenado, que tenía cinco antecedentes penales, dos de ellos computables a efectos de reincidencia, no devolvió el dinero y cortó toda comunicación con la víctima.

El magistrado subraya que el acusado utilizó múltiples mentiras, incluyendo su nombre, el de su contable, la empresa para la que supuestamente trabajaba y su procedencia, así el juez concluye que se trató de una trama engañosa diseñada para provocar un error en la víctima y obtener un beneficio patrimonial ilícito.

La sentencia también menciona que, en términos contractuales, no se sostiene la excusa del acusado de no devolver el dinero debido a publicaciones en redes sociales por parte de la víctima. El juez afirma que lo correcto hubiera sido devolver el dinero y, si lo consideraba oportuno, interponer acciones legales por difamación.

Por su parte, el INCIBE establece el *modus operandi* más habitual que suelen utilizar los ciberdelincuentes cuando quieren estafar a una víctima utilizando el *catfishing:*

- **Creación de una identidad falsa**: el estafador diseña un perfil ficticio en redes sociales o plataformas de citas, utilizando fotografías y datos personales robados para dar más credibilidad.

- **Primer contacto**: a través de mensajes privados o solicitud de amistad buscan crear interés o curiosidad inicial a la persona por la cual se han interesado.

- **Construcción de la relación**: se va desarrollando una relación emocional con la víctima a través de conversaciones frecuentes y detalles personales falsos. Esta relación se limita al medio online, ya que el estafador o ciberdelincuente ofrece excusas constantes, como problemas técnicos con su dispositivo o viajes repentinos, que le impiden mostrarse en persona o por cámara.

- **Manipulación emocional**: mediante la utilización de historias conmovedoras, como tragedias familiares o problemas de salud, el estafador busca la empatía y confianza de la víctima.

- **Solicitud de dinero o favor**: una vez establecida la relación, el ciberdelincuente comienza a solicitar una ayuda por lo general económica, que justifica con emergencias médicas, deudas o situaciones desesperadas repentinas. También existe la posibilidad de que solicite contenido o conversaciones subidas de tono para posteriormente chantajear, esta práctica es conocida como sextorsión. Advierte INCIBE que nunca se comparta contenido íntimo con nadie y en caso de dudas, se consulte recursos confiables de su infografía sobre sexting: riesgos y precauciones.

2.8. *Spear phishing*

¿Qué es el *spear phishing*?

El *spear phishing* es un tipo de ciberataque altamente personalizado que se diferencia del *phishing* tradicional en que se enfoca en individuos específicos en lugar de enviar mensajes masivos. Los atacantes investigan a sus objetivos y utilizan su información personal para crear mensajes que parecen legítimos, engañando así a las víctimas para que revelen información personal o instalen programas maliciosos.

Los cibercriminales **emplean técnicas de ingeniería social para hacer que los correos electrónicos parezcan reales**, aumentando su efectividad. Este tipo de ataques no solo busca robar datos personales, sino que también puede tener otros objetivos, como estafas económicas, espionaje o el robo de información sensible.

El proceso de *spear phishing* incluye la definición y selección de objetivos, la investigación de la víctima a través de *Internet* y redes sociales, y la creación de mensajes personalizados que parecen legítimos. Estos correos suelen pedir datos urgentes o incluyen enlaces a sitios fraudulentos que imitan los reales. Al hacer clic, se podrían revelar credenciales sensibles o instalar malware en el dispositivo, que puede ser usado para robar información o integrar el dispositivo en una red de *bots (botnet)*.

El *spear phishing* requiere un esfuerzo significativo, por lo que los ciberdelincuentes se enfocan en objetivos de alto valor, como empleados con acceso a información confidencial, directivos, personal de recursos humanos o administradores de sistemas. También pueden ser objetivos profesionales de sectores financieros, de salud o cualquier otro que almacene información crítica.

¿Cómo protegerse del *spear phishing*?

En caso de ser víctima de *spear phishing* se deben tomar medidas inmediatas como cambiar las contraseñas, notificar a las instituciones afectadas y revisar la información que haya podido filtrarse. Además, es importante denunciar la situación a las autoridades y consultar a un experto en ciberseguridad.

Para protegerse de esta amenaza, se recomienda verificar URLs, mantener el software actualizado, utilizar contraseñas robustas y únicas, y activar la autenticación de dos factores. También es importante limitar la información compartida en línea y desconfiar de solicitudes inesperadas.

2.9. *Voice hacking*

¿Qué es el *voice hacking*?

El *voice hacking* se refiere a técnicas para manipular la voz de las personas utilizando tecnologías avanzadas, como la clonación de voz mediante inteligencia artificial. Esta técnica permite replicar la voz de una persona específica y crear grabaciones que suenan auténticas, también conocidas como *deepfake* de voz. Los estafadores pueden grabar la voz de una persona sin su consentimiento y usar ese audio para crear mensajes falsos que parecen auténticos, comprometiendo la seguridad de dispositivos como asistentes virtuales y otros dispositivos IoT.

Existen varios tipos de estafas con *voice hacking*:

- *Vishing*: técnica de estafa en la que los delincuentes utilizan llamadas telefónicas para engañar a las víctimas y obtener información confidencial, haciéndose pasar por representantes de instituciones confiables.

- **Suplantación de identidad por voz**: los ciberdelincuentes emplean software avanzado de clonación de voz para replicar la voz de una persona específica y realizar llamadas telefónicas o enviar mensajes de texto que parecen ser de alguien de confianza.

- **Asistentes de voz y dispositivos IoT**: los atacantes pueden explotar vulnerabilidades en dispositivos como asistentes virtuales o sistemas de seguridad doméstica conectados a *Internet* para ejecutar comandos no autorizados.

Algunos ejemplos de *voice hacking* los recoge el INCIBE:

- **Voz de un familiar.** Una usuaria recibió una llamada con la voz de su marido pidiéndole que enviara un mensaje a un número específico, pero resultó ser una voz generada por inteligencia artificial.

- **Caso de Jennifer DeStefano.** En 2023, Jennifer recibió una llamada de alguien que imitó la voz de su hija, exigiendo un rescate de 50.000 dólares. La hija estaba a salvo y nunca había sido secuestrada.

- **Caso de Ruth Card.** Una mujer canadiense recibió una llamada de alguien que sonaba como su nieto, diciendo que estaba detenido y necesitaba dinero para pagar la fianza. Resultó ser una estafa.

- **Fraude a gran empresa de Reino Unido.** En 2019, una empresa de energía fue estafada por 220.000 euros cuando atacantes utilizaron software de inteligencia artificial para clonar la voz del CEO de la empresa matriz.

¿Qué medidas debemos adoptar para protegernos del *voice hacking*?

Para protegerse contra los fraudes de *voice hacking*, es esencial adoptar una serie de medidas preventivas y prácticas de seguridad. A continuación, se resumen algunas recomendaciones clave:

- **Desconfianza de llamadas de números desconocidos**: verificar la identidad del interlocutor antes de compartir información personal. Sospechar de peticiones inusuales o historias urgentes y contrastar la información por otros medios conocidos. Mantener la calma y buscar apoyo en personas de confianza si hay dudas.

- **Cambio regular de contraseñas**: utilizar contraseñas seguras y únicas para cada cuenta, combinando letras, números y caracteres especiales. Evitar el uso de la misma contraseña en múltiples cuentas y considerar el uso de un gestor de contraseñas para generar y almacenar contraseñas complejas.

- **Configuración de la autenticación de voz**: configurar esta función en dispositivos compatibles para que respondan solo a voces registradas, añadiendo una capa adicional de seguridad. Revisar y actualizar regularmente las configuraciones de autenticación de voz.

- **Evitar el uso de asistentes de voz en público**: utilizar asistentes de voz en entornos privados para minimizar el riesgo de exposición y evitar que otras personas puedan grabar la voz para usos malintencionados.

- **Mantener los dispositivos actualizados**: instalar actualizaciones de seguridad y parches tan pronto como estén disponibles para reducir el riesgo de explotación de vulnerabilidades.

Estas medidas ayudan a minimizar los riesgos asociados con el *voice hacking* y otros tipos de fraudes relacionados con la voz.

2.10. *Spoofing*

¿Qué es el *spoofing*?

El *spoofing* es una técnica de ciberataque que involucra tres partes:

- El atacante.
- La víctima.
- Un sistema o entidad falsificado.

El *modus operandi* consiste en que el atacante envía un correo electrónico que parece provenir de una fuente legítima, como una red social, alertando sobre una actividad sospechosa y solicitando a la víctima que actualice su contraseña a través de un enlace proporcionado. La víctima, creyendo que el correo es auténtico, ingresa sus credenciales en una página web falsa, permitiendo así al atacante robar su información.

Si bien, existen varias modalidades de *spoofing*:

- *Spoofing* **de página web**: suplantación de una página web real por una falsa para obtener información sensible. La protección incluye revisar cuidadosamente la URL y desconfiar de sitios sin https o certificados digitales.

- *Spoofing* **de correo electrónico**: suplantación de la dirección de correo de una persona o entidad de confianza para solicitar información personal o enviar malware. La protección incluye el uso de firma digital o cifrado en los correos electrónicos y revisar el contenido del mensaje.

- *Spoofing* **de dirección IP:** falsear la dirección IP para eludir restricciones de seguridad y enviar paquetes con malware, comúnmente utilizado en ataques DDoS. La protección incluye configuraciones de seguridad en ruters y sistemas de detección de intrusiones.

Por lo tanto, para protegerse es esencial verificar la autenticidad de los correos y enlaces, utilizar medidas de seguridad como, por ejemplo, firmas digitales y certificados, y mantener una vigilancia constante sobre las comunicaciones y accesos a sistemas.

2.11. *Vishing*

¿Qué es el *vishing*?

El *vishing* es una estafa telefónica, una técnica de ingeniería social en la que a través de una llamada de teléfono se suplanta la identidad de una empresa, organización o tercera persona con la finalidad de obtener información personal de la víctima que será utilizada para la comisión de ciberdelitos.

En este sentido, resulta interesante la **sentencia de la Audiencia Provincial de Navarra n.° 817/2025, de 30 de mayo, ECLI:ES:APNA:2025:1034**, que lo define como un «*método de ingeniería social que, al igual que el phishing y el smishing, persigue obtener datos personales o bancarios de los usuarios, pero en este caso el fraude se comete a través de una llamada telefónica, engañando a la víctima mediante la suplantación de la identidad de un tercero de confianza (...)*».

Esta conducta consta de dos fases:

- La primera consiste en la obtención por el ciberdelincuente de información confidencial de la víctima.

- La segunda es la llamada telefónica mediante la suplantación de identidad que genera confianza en la víctima y mediante la que se consigue más información de la misma, la instalación en su equipo de un *malware* o la realización de algún tipo de pago.

Como ejemplos de casos de *vishing* podemos citar los siguientes: nos llaman haciéndonos creer que hemos recibido un premio o ganado un sorteo para que lo cobremos; las llamadas de una supuesta entidad bancaria con amenazas de cierre de una cuenta si no se da la información necesaria o informando de problemas con una cuenta que hay que solucionar para lo cual se solicitan determinados datos; las llamadas de un soporte técnico falsas para resolver un supuesto problema...

En todos los casos en que se puede apreciar esta conducta son elementos muy presentes la urgencia y la incertidumbre que los ciberdelincuentes generan en las víctimas a través de amenazas en relación con cuentas bancarias, cargos indebidos, penalizaciones o problemas legales. Todo ello contribuye a que la víctima actúe de manera impulsiva en la toma de decisiones favoreciendo que se materialice el perjuicio patrimonial pretendido. Los casos en que esa impulsividad y la presión sobre la víctima se hace más patente son los que tienen que ver con temas bancarios en sus distintas vertientes (actividad sospechosa en la cuenta, traspaso de dinero a otra cuenta por riesgo de la existente, pagos indebidos...).

CUESTIONES

1. ¿Cuáles son las características de las llamadas de *vishing*?

El INCIBE ha sintetizado las características de las llamadas de tipo vishing en las siguientes:

- Suplantación de identidad de una empresa, entidad o persona de confianza.
- La urgencia que aboca a la víctima a actuar sin pensar con claridad.
- Se solicita información personal y confidencial.
- En ellas se amenaza o se informa de las consecuencias de la actuación ejerciendo presión sobre la víctima que quiere evitar tales efectos negativos.
- Ausencia de verificación de la llamada.
- Evitan responder a las preguntas o lo hacen de forma muy vaga.
- Es posible que se convenza a la víctima para la instalación de programas o aplicaciones que solucionen un determinado problema o que se le hagan a la misma ofertas atractivas para que dé la información solicitada.

2. ¿En qué se distingue el *vishing* del *spoofing* telefónico?

Ambos métodos son similares y pueden utilizarse de forma complementaria para llevar a cabo la conducta fraudulenta. En ellos se suplanta la identidad en una llamada telefónica, si bien en el *spoofing* se genera una apariencia de veracidad en la llamada o, en su caso, mensaje recibido, ya que aparecen recibidos en el canal usual de comunicación de la entidad o empresa. En este caso para dar mayor credibilidad al fraude y conseguir la confianza de la víctima la llamada parece totalmente legítima, se falsifica el identificador de llamada de modo que no solo se hace creer que la llamada proviene de la entidad, empresa o persona de confianza, sino que el propio teléfono identifica la llamada como legítima y proveniente de aquellos.

Entonces **¿puedo evitar ser víctima de *vishing*?** Podrá ser más o menos fácil dependiendo de la urgencia y la presión infligida por el ciberdelincuente pero la víctima siempre podrá adoptar alguna de las siguientes precauciones para evitar sufrir el perjuicio: dejar a un lado la presión y no ceder ante ella, ser escéptica en relación con las ventajas ofrecidas, no revelar información sin verificar la legitimidad de la llamada, no clicar en enlaces o acceder a sitios web, contactar con la fuente de la llamada a través de canales oficiales antes de hacer nada para así verificar su identidad y, finalmente, siempre está la opción de cortar la llamada ante la menor sospecha.

Si a pesar de todas las medidas señaladas **no consigo evitar convertirme en víctima de *vishing* ¿qué medidas puedo adoptar en relación con esa condición?** Debo ponerme en contacto con la supuesta fuente legítima de la llamada (entidad bancaria, soporte técnico...), actualizar los datos facilitados (contraseñas, datos de autenticación...), en su caso, desinstalar el programa o aplicación instalada y ejecutar el antivirus y denunciar los hechos ante las Fuerzas y Cuerpos de Seguridad del Estado.

2.12. *Smishing*

¿En qué consiste el *smishing*?

El *smishing* se trata de un fraude en que mediante el envío de un SMS los ciberdelincuentes intentan engañar a los usuarios con la finalidad de robarles información personal o financiera. El SMS simula proceder de una entidad legítima (entidad bancaria, red social, empresas de transporte, SEPE u otra institución pública...) y suele incorporar enlaces a sitios web fraudulentos o solicitudes para que la persona destinataria llame a un número de teléfono. También en estos casos se trata de que la víctima aprecie la urgencia de la situación, sienta la presión y decida sobre la marcha sin valorar el riesgo por la premura que se le inflige.

Resulta interesante la **sentencia de la Audiencia Provincial de La Rioja n.º 148/2025, de 25 de abril, ECLI:ES:APLO:2025:245**, que, citando la **SAP de Lleida n.º 303/2024, de 19 de abril, ECLI:ES:APL:2024:349**, señala:

> «(...) es el caso del smishing, que es un ciberataque que se dirige a las personas a través de SMS (servicio de mensajes cortos) o mensajes de texto. El término es una combinación de "SMS" y " *phishing* ". En un ataque de smishing, los ciberdelincuentes envían mensajes de texto engañosos para inducir a las víctimas a compartir información personal o financiera, hacer clic en enlaces malintencionados o descargar software o aplicaciones dañinas. Al igual que los ataques de *phishing* basados en el correo electrónico, estos mensajes engañosos suelen parecer proceder de fuentes fiables y utilizan tácticas de ingeniería social para crear una sensación de urgencia, curiosidad o miedo con el fin de manipular al destinatario para que realice una acción no deseada».

Casos frecuentes de *smishing* son los relativos al paquete retenido o a la multa pendiente.

En relación con esta técnica cabe tener en cuenta las **medidas y recomendaciones expuestas respecto del** *phishing* y del *vishing*.

Finalmente, de forma idéntica al *smishing* actúa el *whishing* técnica en la cual el método utilizado para realizar el engaño es el WhatsApp. Un caso frecuente de esta modalidad es la del familiar en apuros que solicita ayuda.

2.13. *Whaling*: fraude del CEO

Fraude del CEO y el *whaling* ¿en qué consisten?

El fraude del CEO y el *whaling* se trata de técnicas de ingeniería social avanzadas dirigidas a empleados de alto nivel, altos ejecutivos o directivos de empresas que suelen tener mayor impacto financiero que otras técnicas dirigidas al público en general. Las pymes son especialmente vulnerables respecto de estas modalidades

Se consideran ambas como modalidades de *phishing* íntimamente ligadas. Así, el fraude del CEO consiste en que un empleado de una empresa con posibilidad de realizar operaciones económicas recibe un correo de un directivo o del CEO, como su superior, solicitándole ayuda para realizar una operación financiera con carácter urgente y confidencial. La finalidad de la suplantación de identidad es conseguir que el empleado revele datos extremadamente sensibles y realice las operaciones solicitadas. Un ejemplo de esta conducta se contempla en la **sentencia de la Audiencia Provincial de Las Palmas, n.º 530/2023, de 5 de octubre, ECLI:ES:APGC:2023:2841**, que señala:

> «Están conformes asimismo las partes en que el Sr. Balbino fue víctima de una **estafa,** que se califica de estafa del " CEO", "fraude del CEO" o "Wheeling", que consiste en que un **empleado con capacidad para acceder a las cuentas de la compañía y realizar transferencias bancarias recibe, supuestamente de su jefe o superior, un correo electrónico** en el cual se le solicita su colaboración para llevar a cabo una **operación financiera confidencial y urgente.** Al ser engañado, el empleado **no solo revela datos confidenciales de la compañía,** sino que **llega a realizar una o varias transferencias** a otras cuentas bancarias de terceras personas, relacionadas con los autores de la estafa. Por ello, en el presente caso se formuló la correspondiente denuncia (...)».

Por su parte, el *whaling* —«caza de ballenas»— tiene por objetivo altos cargos de una empresa como CEO, director financiero o de operaciones, que, por su acceso a la información sensible, su autoridad y capacidad de decisión en asuntos económicos se consideran objetos valiosos para los ciberdelincuentes.

Entonces **¿cuál es la diferencia entra ambas figuras?** En ambos casos hay una suplantación de identidad, en el primero se suplanta al CEO o directivo para engañar a un empleado y conseguir hacer efectivo el fraude. En el segundo, el engaño es al propio CEO o directivo tratando de obtener de él el beneficio pretendido, normalmente por la relación de confianza con la supuesta persona que le contacta.

Se presupone en ambos casos que, por el cargo que ostentan dichas personas están capacitadas para identificar los ataques de los ciberdelincuentes, por ello se han de utilizar técnicas mucho más elaboradas. La evolución de las nuevas tecnologías, con especial relevancia de los *deepfakes,* hace que este tipo de ataques sean cada vez más creíbles utilizando audios y videollamadas.

CUESTIÓN

¿Qué son los *deepfakes*?

El INCIBE define los deepfakes como aquellos vídeos manipulados para hacer creer a los usuarios que ven a una determinada persona realizando declaraciones o acciones que nunca ocurrieron. Para su creación se utilizan herramientas o programas dotados de tecnología de inteligencia artificial que permiten el intercambio de rostros en imágenes y la modificación de la voz.

¿**Cómo se desarrollan este tipo de fraudes?** En ellos, los ciberdelincuentes comienzan investigando a la empresa en cuestión recopilando la mayor cantidad de información posible respecto de su organigrama; datos de directivos, empleados, proveedores, clientes... Todo ello se utiliza para generar confianza. Una vez recopilada la información, se ponen en contacto con la persona a la que se pretende engañar para obtener un pago, siempre en un contexto de urgencia, confianza, presión y confidencialidad que contribuye al éxito del fraude.

CUESTIÓN

¿Cuál es la diferencia entre la modalidad de fraude del BEC y el fraude al CEO?

Atendiendo a lo dispuesto en la **sentencia de la Audiencia Provincial de Almería n.º 557/2024, de 11 de diciembre, ECLI:ES:APAL:2024:1612**, una y otra modalidad focalizan su actuación sobre el sector privado, identificado por las organizaciones criminales, como un objetivo de alta capacidad económica que permite obtener un mayor beneficio económico con menor esfuerzo criminal. Ambas modalidades suelen ir precedidas de una labor de inteligencia previa en la que los ciberdelincuentes recaban toda la información que existe en la red sobre la empresa que han fijado como su objetivo, combinando esta tarea con actividades de vigilancia física que les permitirá conocer en profundidad las costumbres del directivo o persona con capacidad de gestión cuya personalidad va a ser suplantada.

Así, en cuanto a la diferencia, cabe señalar que en el fraude del BEC el engaño se centra en suplantar, simular o controlar las cuentas de correo electrónico de empresas, organismos o instituciones o de sus empleados o directivos para conseguir interceptar o redireccionar sus transacciones financieras.

Por su parte, el fraude al CEO constituye una modalidad específica del anterior, en la que la actividad criminal se centra sobre los directivos o responsables de la empresa que tienen capacidad de gestión o poder de decisión para acordar operaciones económicas. Tiene por finalidad suplantar la identidad de aquellos y, haciéndose pasar por uno de ellos, se trata de efectuar una operación económica o bien de provocar que el propio CEO, movido por el engaño, ordene una transacción económica no querida.

Asimismo, resulta interesante la **sentencia de la Audiencia Provincial de Madrid n.º 74/2022, de 28 de febrero, ECLI:ES:APM:2022:616**:

> «Se ha reconocido por ambas partes que ha tenido lugar en base al conocido como "fraude del CEO", será preciso determinar hasta qué punto la mecánica de esta forma de defraudar afecta al incumplimiento de las obligaciones pactadas entre las partes.
>
> Es un fraude que mezcla técnicas de ingeniería social y *phishing* para conseguir que una **persona con acceso a las cuentas de una empresa piense que su jefe le está encargando hacer un envío de dinero ligado a una operación.** O en todo caso, que le **proporcione datos bancarios de la empresa.**
>
> Las **víctimas suelen ser estudiadas previamente para que el engaño sea creíble.** Habitualmente se atacan pequeños negocios, donde la relación del CEO con los empleados es cercana y un correo de estas características puede tener sentido.

El fraude del CEO se realiza **normalmente por correo, pero puede ser por WhatsApp o cualquier otra vía de comunicación por la que el jefe de la empresa podría solicitar algo**. Como ocurre en otros ataques, normalmente los atacantes suelen utilizar direcciones de correo con un nombre similar al real para que la víctima no se percate a primera vista. Haciendo uso de ingeniería social (una forma de engaño), los ciberdelincuentes hacen clickar a la víctima en su enlace de Google Drive o Google Docs. A partir de aquí, los atacantes pueden desde colocar un malware en el ordenador del empleado, hasta proseguir con la estafa e intentar que se realice la transferencia supuestamente dictada por el CEO».

¿Qué medidas se pueden adoptar para proteger nuestra empresa del fraude del CEO?

Atendiendo a las recomendaciones del INCIBE, para evitar este tipo de fraudes las medidas a adoptar deben orientarse a la concienciación de los empleados y su formación al respecto, al establecimiento de políticas de uso del correo electrónico o a la implementación de procedimientos seguros para los pagos, a título de ejemplo citar la necesidad de dos personas o dos medios para verificarlos.

Así pues, el INCIBE señala 10 pasos claves para prevenir el fraude del CEO:

- Verificar las transferencias urgentes a través de canales alternativos.
- Revisar la dirección de correo completa, letra a letra.
- Aplicar el doble control de pagos, es decir, que dos personas autoricen las transferencias que excedan de una cantidad determinada.
- Definir procedimientos de pago claros.
- Limitar la información pública expuesta respecto de la empresa, sus integrantes y sus procesos internos.
- Formar a los empleados respecto del fraude y su identificación.
- Prestar especial atención a la alusión a la confidencialidad en relación con la operación solicitada.
- Sospechar de la urgencia de la actuación que suele usarse para presionar.
- Usar filtros de seguridad en el correo electrónico.
- Mantener actualizado el plan de respuesta a los incidentes que puedan tener lugar.

2.14. *SIM swapping*

¿Qué es el *SIM swapping*?

El *SIM swapping* es una modalidad de fraude a través de la cual los ciberdelincuentes intentan duplicar fraudulentamente la tarjeta *SIM* del dispositivo móvil de una persona, para ello se suplanta su identidad. Una vez que la víctima ya no tiene servicio telefónico, el ciberdelincuente accede a su información personal y toma el control de sus aplicaciones, redes sociales, cuentas de correo electrónico, banca digital, utilizando los SMS de verificación que llegan a su número de teléfono (**SAP de Teruel n.° 74/2023, de 30 de junio, ECLI:ES:APTE:2023:86**).

En este sentido, la **SAP de Burgos n.° 435/2024, de 23 de diciembre, ECLI:ES:APBU:2024:1062**, señala que el *SIM swapping* consiste en que los defraudadores *«obtienen de la compañía de telefonía móvil de la víctima una nueva tarjeta SIM, que una vez introducida en el móvil de los defraudadores, deja inoperativa la anterior, y por el contrario la nueva tarjeta SIM hace que el móvil de los suplantadores se utilice como si fuera el móvil de la víctima activando el servicio de claves y envío de SMS para poder operar desde el servicio de banca telefónica».*

Y concluye, respecto del caso:

> «En este caso no se ha probado ninguna negligencia por parte del usuario demandante. Si las operaciones de pago no autorizadas se han producido por el sistema del *SIM* Swapping, mediante el cual un tercero puede solicitar y recibir en su domicilio una nueva tarjeta sin otro requisito que pedirla al servicio de atención al cliente, lo que el demandante no podía sospechar, no hay falta de custodia de las claves, ni descarga de mensajes sospechosos que permitan a los defraudadores hacerse con el control del uso del teléfono móvil. Se trata de un sistema que excusa de toda responsabilidad al usuario, a falta de una mayor explicación sobre si la nueva tarjeta *SIM* permite a los defraudadores recibir no solo los mensajes SINM, sino también, por ejemplo, acceder a las claves de acceso u otras coordenadas almacenadas en el teléfono móvil.
>
> La aparente negligencia de Vodaphone al enviar una nueva tarjeta *SIM* a quien no acredita de forma suficiente ser el titular del teléfono móvil no impide apreciar la responsabilidad del banco demandado, porque ambas operan en planos y con base a títulos distintos. La del banco demandado al amparo de la Ley de Servicios de Pago y como consecuencia de una operación de pago no autorizada, la de Vodaphone con base en el contrato de telefonía móvil. De esta forma el demandante podía haber demandado no solo al banco sino también a Vodaphone para recuperar el dinero sustraído, y el banco demandado, una vez hecho el pago, tiene acción contra Vodaphone si ha sido su actuación la que ha permitido realizar las operaciones de pago no autorizadas».

¿Cómo evitar ser víctima de *SIM swapping*?

La Oficina de Seguridad del Internauta (OSI) hace las siguientes recomendaciones:

- En caso de detectar que el teléfono se queda sin cobertura sin motivo lógico, notificarlo a la operadora de telefonía y comprobar qué ha ocurrido.

- Implementar en el dispositivo la autenticación en dos pasos, como medida adicional a la contraseña. De este modo se dificulta el acceso de alguien sin autorización.

- Actualizar las opciones de recuperación de la cuenta, por si hubieran conseguido acceder a tu información.

- Ser cauteloso con la información que se comparte en las redes sociales y con las personas que tienen acceso a ella.

- No abrir vínculos de *Internet* sospechosos ni archivos adjuntos a un correo electrónico o SMS.

- Evitar dar información personal por correo electrónico o teléfono o, en su caso, verificar previamente que se trata efectivamente de la persona o entidad que dice ser.

- Actualizar las contraseñas periódicamente procurando que tengan un nivel de seguridad elevado.

- No introducir información sensible durante las conexiones a redes públicas.

- No descargar aplicaciones de tiendas no oficiales y, en su caso, revisar los permisos de acceso a datos personales.

2.15. *Carding*

¿En qué consiste el *carding*?

El creciente auge de las compras *online* cada vez más presentes en nuestra vida hace que los ciberdelincuentes también se aprovechen de esta circunstancia. Así, aparecen fraudes como el *carding* que aquí nos ocupa. Se trata de conductas que afectan no solo a los clientes por el robo de sus datos bancarios, sino también al propio negocio en el que se hace la compra, ya que el hecho de que se lleve a cabo una estafa a través de su *web* puede conllevar un gran impacto reputacional para la empresa.

Pero ¿qué es el *carding*? En un sentido general, se puede definir como el tráfico ilícito de información contenida en tarjetas de crédito para después utilizar los datos de las tarjetas para realizar comprar y otras transacciones fraudulentas (**STS n.º 139/2025, de 19 de febrero, ECLI:ES:TS:2025:762**).

De forma más amplia, se trata de aquella técnica fraudulenta que se lleva a cabo mediante el uso no autorizado de tarjetas de crédito o débito o cheques de viaje, para transacciones o compras en comercios físicos, así como mediante el uso indebido de los datos obrantes en las tarjetas para la realización de compras por *Internet* o de operaciones en la banca *online* (**AAP de Ciudad Real n.º 20/2025, de 20 de enero, ECLI:ES:APCR:2025:50A**). Es la segunda de las modalidades definidas la que aquí nos interesa.

Como ejemplos de esta conducta cabe citar el caso previsto en la **sentencia de la Audiencia Provincial de Barcelona n.º 799/2024, de 4 de octubre, ECLI:ES:APB:2024:15172**, que señala:

> «En ejecución de dicho plan criminal, utilizando el procedimiento conocido como "carding", consistente en **obtener fraudulentamente los datos auténticos de tarjetas bancarias**, titularidad de terceros. Con dichos datos, bien directamente (de forma telemática), bien incorporándolos a las bandas magnéticas de las tarjetas falaces que creaban al efecto, **realizaron pagos ordinarios en establecimientos comerciales** (restaurantes, gasolineras, etc.), pero especialmente, hicieron un **gran número de compras telemáticas de numerosos productos a nombre de terceros** (sin su consentimiento), especialmente aparatos tecnológicos de gama alta (móviles y similares), que después vendían a un precio inferior al de mercado, tanto por *internet* como en tiendas abiertas al público, entre las que se encontraba la denominada Raj BCN Mobile, ubicada en la calle Sant Pau, número 58, de Barcelona, propiedad del acusado Rogelio , mayor de edad y nacional de Pakistán, quien les compraba los teléfonos móviles y otros accesorios tecnológicos a un precio muy inferior al de los legítimos proveedores, conociendo perfectamente su ilícita procedencia, y los vendía al público en dicho comercio a un precio un 27% inferior al ordinario de venta al por menor».

Asimismo, describe la **sentencia de la Audiencia Nacional n.º 17/2024, de 26 de junio, ECLI:ES:AN:2024:3685**, la siguiente conducta:

> «Durante los años 2014 y 2015, ese grupo de personas, que desempeñaban de forma coordinada entre sí distintos papeles para el grupo, se dedicaba a obtener en España o fuera, y a **utilizar en España, de forma fraudulenta, las numeraciones de tarjetas bancarias extranjeras, mediante lo que se conoce como carding (tráfico y/o uso de los datos de tarjetas de crédito obtenidos de forma ilícita), para después realizar operaciones sirviéndose de terminales de punto de venta** (TPV's; empleado en femenino, por el vocablo "terminal") de empresas sin actividad comercial, simulando operaciones legales de venta de efectos o de prestación de servicios, y enmascarando de esta manera la actividad realizada en lucro propio, con la ayuda de establecimientos comerciales conniventes.
> La mecánica u operativa utilizada consistía **en primer lugar en la obtención, de forma ilícita o fraudulenta, de numeraciones de tarjetas**; a partir de ahí en la obtención de TPV's a través de la falsificación de la documentación necesaria para aquella obtención, y la inscripción de empresas sin verdadera actividad comercial.
> Para conseguir la adquisición y contratación de TPV's, los acusados e integrantes del grupo se daban de alta en la Seguridad Social como trabajadores autónomos, contando con establecimientos conniventes para el uso en ellos de esas TPV.
> Una vez **recaudado el dinero mediante las tarjetas**, se procedía del siguiente modo: **transferencias del dinero entre los distintos componentes y/o retirada en efectivo, con reparto del dinero en porcentajes previamente establecido**».

¿Qué precauciones se pueden adoptar frente al *carding*?

Además de las medidas y precauciones que las personas titulares de las tarjetas bancarias pueden adoptar para evitar que se sustraigan los datos de las mismas y se usen de forma fraudulenta a través de técnicas como el *phishing* en sus distintas modalidades y que ya se han visto en otros puntos, también los negocios *online* pueden prevenir estos ataques.

Así, respecto de las personas titulares de las tarjetas bancarias, podemos recordar medidas como el evitar compartir información bancaria en sitios no verificados, no acceder a enlaces sospechosos recibidos, realizar las compras en comercios de confianza...

Por otro lado, recuerda el INCIBE, que son varias las formas en que los negocios se pueden proteger de los ataques a través del *carding*, recomendando poner el mayor número de barreras posible para reducir su posibilidad.

Entre las medidas que se pueden adoptar destacan:

- El CAPTCHA que refuerza la seguridad del negocio, pues normalmente los programas informáticos usados en el *carding* no son capaces de superar esta barrera.
- Disponer de una pasarela segura de pago que implica la autenticación por parte del cliente haciendo la compra más segura.
- Mantenerse alerta ante comportamientos sospechosos como por ejemplo la realización por una misma persona de varias compras seguidas en poco tiempo.

2.16. A través de compras *online*

Las compras *online* ¿en qué consiste el fraude?

Distinto del *carding* en el que el fraude radica en el uso indebido de los datos de la tarjeta bancaria de otra persona, es el caso del fraude a través de las compras *online*. Ambas conductas coinciden en la realización de una compra a través de *Internet*, si bien en el primer caso la compra se efectúa en un negocio real, pero usando la tarjeta bancaria de la víctima, ahí está el fraude. En el segundo, sin embargo, el fraude se verifica en el hecho de que el comercio no existe y por lo tanto la compra no es real, aunque lo parezca y por ello el ciberdelincuente obtiene nuestros datos y puede usarlos.

Entonces **¿qué debemos tener en cuenta para evitar que nos defrauden a través de una compra *online*?** Atendiendo a las recomendaciones del INCIBE, los datos a los que prestar atención y que nos permiten identificar una compra fraudulenta son los siguientes:

- Información de la empresa: conforme a la legislación española, la *web* de una tienda *online* debe contener determinados datos identificativos de la misma como titular de la web, NIF/CIF, domicilio social, email, política de compras, devoluciones y reclamaciones, protección de datos, cookies... Las webs fraudulentas o no ofrecen esta información o lo hacen de manera muy deficiente, sin coherencia o con errores.

- Los precios: debemos sospechar si los precios son extremadamente bajos, alejados de los precios de mercado, o si todos los productos tienen el mismo precio. También cuando el precio inicial es excesivo y luego se le aplica un descuento muy alto.

- El aspecto de la tienda: no cuenta con certificado digital que garantice seguridad al facilitar datos, la apariencia de la *web* (imágenes muy comunes, de poca calidad o con errores; los datos exigidos legalmente no están, están incompletos o con errores).

- Tipos de pagos permitidos: aparentemente la tienda ofrece varios medios de pago, si bien a la hora de pagar solo es válido el pago a través de empresas que permiten depositar dinero por el importe de la compra y que no ofrecen garantía de recuperar el dinero en caso de fraude, o bien a través de tarjeta bancaria, de modo que el ciberdelincuente accede a sus datos y puede hacer cargos sin que la víctima lo sepa.

- Las opiniones de los usuarios: investigar si las hay y qué dicen, lo que nos puede orientar en relación con su fiabilidad.

2.17. *Malware*

Fraudes en *Internet* a través de un *malware*

Se entiende por *malware* el programa informático que se caracteriza por ejecutar sin consentimiento ni autorización de la persona propietaria o usuaria del equipo infectado y realizar funciones en el sistema perjudiciales para la persona usuario y/o para el sistema.

En el ámbito de los fraudes a través de *Internet* el uso de un *malware* se dirige fundamentalmente al robo de datos personales y bancarios. Son numerosas las maneras en la que el malware puede entrar en un dispositivo desde pinchar en un enlace que se recibe por SMS, correo electrónico o WhatsApp, hasta usar una unidad USB infectada, acceder a un sitio web, ejecutar un programa o descargar un archivo todos ellos maliciosos.

En este sentido resulta interesante lo previsto en la **SAP de Madrid n.º 96/2025, de 6 de marzo, ECLI:ES:APM:2025:4207**:

> «Constituye hecho notorio que la instalación o descarga maliciosa de malware en un teléfono móvil permite la interceptación de los mensajes SMS que contienen las OTP, así como que la instalación indebida de aplicaciones maliciosas por el usuario del teléfono permite a los defraudadores acceder a los mensajes SMS».

Un ejemplo del uso del *malware* también puede ser el **fraude de las facturas falsas ¿en qué consiste?** Suplantando la identidad de una entidad determinada se envía un correo electrónico fraudulento en el que se reclama el pago de una factura. Al correo se adjuntó el archivo que contiene aquella y en el momento que la víctima lo descarga el *malware* entra en su dispositivo y vulnera su seguridad. Es cuestión de tiempo que el programa actúe y obtenga la información necesaria para acometer las conductas fraudulentas, así se accede a datos personales y bancarios de la víctima u otra información sensible.

2.18. *Ransoware*

¿Qué es el *ransomware*?

Según el INCIBE, el *ransomware* es un tipo de *malware* que toma por completo el control del equipo bloqueando o cifrando la información del usuario para, después, pedir dinero a cambio de liberar o descifrar los ficheros del dispositivo. Después de la infección inicial, intentará propagarse al resto de los sistemas conectados a la red.

Señala la **STS n.° 908/2024, de 11 de junio, ECLI:ES:TS:2024:3452**:

> «(...) el ransomware es un programa de software malicioso que puede infectar un equipo o una red, cifrando la información y que los métodos de entrada de este malware son variados: mediante un enlace malicioso en una página web o la infección de un fichero compartido, siendo el más habitual el *phishing*, es decir, a través de los ordenadores de los propios usuarios, en este caso, trabajadores (...)».

En cuanto a la forma de acceso del *ransomware* cabe destacar las siguientes vías:

- Correos electrónicos con archivos adjuntos infectados o enlace a un sitio web malicioso.
- El protocolo de escritorio remoto.
- Vulnerabilidad de servicios expuestos a *Internet*.
- Vulnerabilidad en los sistemas operativos y en los navegadores.
- Dispositivos externos infectados que se conectan a los equipos.

El *ransomware* identifica las unidades del sistema infectado y comienza a cifrar los archivos dentro de cada unidad, manifestándose cuando ya el dispositivo está infectado y no se puede acceder a la información. Una vez cifrado todos los archivos, la pantalla muestra un mensaje que contiene instrucciones para el pago del rescate.

Recomendaciones ante un ataque de *ransomware*

La principal recomendación ante un ataque de *ransomware* es **no pagar el rescate**, no existe garantía alguna de que pagando se vaya a recuperar la información, de modo que solo se contribuirá al beneficio del ciberdelincuente.

Ante un ataque de este tipo, hay que comprobar si existe alguna posible solución para el descifrado, en caso de existir se procederá conforme a los pasos que se indique.

No puede obviarse el hecho de que no siempre es posible el descifrado, no siempre podrá recuperarse la información sustraída de ahí la importancia de las copias de seguridad. Es por ello que se recomienda tener copias de seguridad recientes de manera que, una vez desinfectados los equipos, se puedan restaurar aquellas y disponer de la información.

Perdida la información por no ser posible el descifrado y no disponer de copias de seguridad, resulta útil conservar los ficheros cifrados ya que en el futuro podrá aparecer un programa que permita el descifrado de aquellos.

2.19. Fraudes de inversión

¿En qué consisten los fraudes de inversión?

Entre los fraudes que proliferan en la red destacan los llamados **fraudes de inversión** cuyo objetivo es engañar al usuario para que invierta por *Internet* en alguna plataforma fraudulenta de inversiones, ofreciéndoles rentabilidades muy altas de forma sencilla y en poco tiempo.

El *modus operandi* de esta estafa consiste en el contacto del ciberdelincuente con la víctima a través de las redes sociales, foros, plataformas *online* o incluso a través de una llamada telefónica, tratando de que invierte su dinero en alguna operación que promete ganancias elevadas, rápidas y a corto plazo. No obstante, la operación puede no existir o no tener valor. Suelen establecer una relación de confianza con la víctima orientada a la consecución de su objetivo.

Las modalidades de engaño son muy variadas, si bien, la mayoría parte de una promesa de rentabilidad futura a cambio de la entrega de un capital inicial al supuesto experto o entidad no autorizada para ofrecer el servicio.

A los efectos de este fraude se suele acudir a los denominados **chiringuitos financieros** que la CNMV define de manera informal como aquellas entidades que ofrecen y prestan servicios de inversión sin estar autorizadas para hacerlo. Actúan al margen de la ley.

Entonces **¿qué pistas pueden hacernos ver que estamos ante un fraude de este tipo?** El INCIBE recomienda estar alerta a aspectos como:

- La promesa de obtención de ganancias elevadas y de forma rápida.
- La inversión inicial requerida es baja en relación con los beneficios prometidos a corto plazo.

- El carácter efímero de la oferta.
- El carácter exclusivo de la oferta dirigida a la víctima.
- Insistencia en la ausencia de riesgos de la operación.
- Intento de que se invite a personas de confianza a participar en la inversión.
- La víctima sea una persona sin conocimientos en materia de inversiones.
- El uso de terminología compleja y sin información adicional.
- El uso de la imagen de personajes o medios de comunicación reconocidos para dotar de credibilidad al fraude.

En definitiva, el punto de partida es identificar que nos encontramos ante un chiringuito financiero para lo cual se recomienda no confiar en entidades desconocidas mientras no se verifique que están autorizadas para prestar servicios de inversión.

Tipos de fraudes de inversión

Son muchas las formas que pueden adoptar los fraudes de inversión, el Banco de España y la CNMV han destacado los siguientes:

- **Suplantación de identidad de las entidades autorizadas para prestar servicios de inversión**: antes de realizar la inversión se recomienda comprobar en la CNMV los datos de la empresa oferente y si está debidamente inscrita.

- **Cuentas de *trading* financiadas**: el usuario no arriesga capital propio, operan con el que le aporta la plataforma recibiendo, supuestamente, un porcentaje de las ganancias obtenidas. Para usar estas cuentas el usuario debe hacer un curso sobre el funcionamiento de las mismas el cual exige el abono de una cantidad previa. Estos cursos suelen ser fraudes y las víctimas pierden el dinero entregado.

- **Fraude del técnico informático**: es un supuesto de uso de herramienta informática para conectarse al dispositivo de un inversor y apropiarse de sus datos, pudiendo, así, operar sobre las cuentas de valores de aquel sin autorización. En esta modalidad se trata de hacerse pasar por un técnico informático de la plataforma de inversión que te informa de un problema en el dispositivo, para solucionarlo te mandan descargar un programa o aplicación de conexión remota al equipo, sin embargo, lo que pretenden es acceder a los datos de la víctima.

- ***Recovery room***: empresas de este tipo contactan con víctimas de chiringuitos financieros con la finalidad de gestionarles la recuperación de las pérdidas o para recomprar acciones o valores adquiridos a través de empresas no autorizadas. Se trata de un fraude sobre otro engaño anterior.

- **Fraudes relacionados con criptoactivos**: con la finalidad de privarte de tu dinero a través de técnicas que prometen ganancias increíbles y presionan para la toma de una decisión rápida. La información facilitada suele ser muy técnica.

- **Esquemas Ponzi**: se trata de un tipo de estafa piramidal en la que un estafador convence a nuevos inversores para aportar nuevos fondos a cambio de altas rentabilidades. El dinero aportado no se invierte o se invierte solo en parte. Se pagan ciertos beneficios a los primeros clientes, utilizando para ello el dinero de los nuevos inversores, de modo que aquellos clientes satisfechos sirven como cebo para los inversores posteriores.

3.
¿CÓMO PUEDO RECLAMAR TRAS HABER SIDO VÍCTIMA DE UN FRAUDE EN INTERNET?

Reclamación en la vía civil tras ser víctima de un fraude en *Internet*

Cuando el ciberataque o ataque informático implique una operación pago no autorizada de dinero a través del banco, que suele ser en su mayoría, el procedimiento a seguir será el verbal u el ordinario en función de la cuantía.

Por lo tanto, si la cuantía reclamada no supera los 15.000 euros, tendremos que presentar una demanda de juicio verbal, mientras que, si es superior a esa cantidad, el procedimiento adecuado será el procedimiento ordinario.

Si bien, previamente y centrándonos en los casos en los que el ciberataque implicó pagos no autorizados por la víctima, hay que partir de la premisa de que en estos casos es muy difícil identificar al autor del delito, y reclamarle el resarcimiento del daño, por lo que, la alternativa más viable es reclamarle a la entidad bancaria la devolución de todas las cantidades que le han sido sustraídas a la víctima.

En primer lugar, hay que destacar la importancia de **notificarlo inmediatamente a la entidad bancaria** para que esta pueda anular o bloquear el medio de pago que están utilizando los ciberdelincuentes y facilitar a la víctima unas nuevas credenciales de seguridad.

A continuación, habrá que **acudir a las fuerzas y cuerpos de seguridad del Estado para interponer la correspondiente denuncia,** aportándose el mayor número de detalles posibles y acompañando toda la documentación de la que se disponga, como, por ejemplo, correos electrónicos, capturas de conversaciones mediante mensajería electrónica, etc. Toda la información aportada servirá, no solo para facilitar la investigación, sino también para probar que no existió negligencia grave por parte de la víctima.

El siguiente paso es que el perjudicado o la perjudicada presente una **reclamación en su entidad bancaria**, solicitando la devolución de las cantidades sustraídas por los ciberdelincuentes. Es importante destacar que las entidades bancarias cuentan con un Servicio de Atención al Cliente que debe dar una respuesta a nuestra reclamación. Si bien en principio las entidades bancarias deben asumir la responsabilidad y devolver los importes, lo cierto es que en muchas ocasiones no acceden al reintegro amparándose en la supuesta negligencia grave de las víctimas.

Un ejemplo muy claro de **responsabilidad de las entidades bancarias** lo encontramos en la **sentencia del Tribunal Supremo n.º 571/2025, de 9 de abril, ECLI:ES:TS:2025:1671**. Esta resolución se pronuncia sobre la responsabilidad de las entidades bancarias respecto del **dinero perdido por un cliente a través de fraudes digitales**, llegando a la conclusión que **los bancos deben responder de las cantidades perdidas siempre que no se aprecie en el cliente negligencia o culpa graves**.

En este caso, la estafa se produjo cuando un cliente de una entidad bancaria sufre una vulneración de su cuenta de correo electrónico al recibir los correspondientes avisos de que procedía cambiar la contraseña. A pesar de ello, ese mismo día y otros posteriores recibió mensajes con códigos para la materialización a través del sistema digital de transferencias que no obedecían a órdenes suyas, es por ellos que lo comunicó al personal de la sucursal bancaria correspondiente.

A pesar, de todo lo anterior, se le hicieron varios cargos de distintas maneras en su cuenta bancaria alcanzado un importe de 84.000 euros. Para realizar dichos movimientos se **utilizó una tarjeta *SIM* duplicada sin autorización de su titular**.

El demandante, visto todo lo anterior, efectúa la correspondiente reclamación al banco el cual procede, a su vez, a reclamar la devolución de las cantidades a las distintas entidades de destino, pero solo consigue la devolución de poco más de 27.000 euros.

El demandante en este caso ejercitó una **acción de responsabilidad contractual frente a la entidad bancaria por los daños y perjuicios causados por el incumplimiento de las obligaciones asumidas por la demandada en el contrato de banca a distancia y en el contrato de cuenta corriente** y depósito del que era titular.

¿Qué resuelve el Tribunal Supremo al respecto? En la misma línea que en resoluciones previas, el Alto Tribunal desestima el recurso de casación.

Así, ante la controversia de determinar quién debe responder por las operaciones de pago no autorizadas realizadas por un tercero que, utilizando las credenciales del usuario que ha obtenido por cualquier medio, suplanta su identidad y accede electrónicamente a su cuenta sin su consentimiento, el Tribunal Supremo recuerda la normativa y jurisprudencia europea y tras ello declara:

- **El usuario de servicios de pago debe adoptar todas las medidas razonables a fin de proteger sus credenciales de seguridad personalizadas** y, en caso de extravío, sustracción o apropiación indebida del instrumento de pago o de su utilización no autorizada, ha de notificarlo al proveedor de servicios de pago de manera inmediata.

- En caso de una operación de pago no autorizada o ejecutada incorrectamente, si el usuario de servicios de pago se lo comunica sin demora injustificada, el proveedor debe proceder a su rectificación y reintegrar el importe de inmediato.

- Ante operaciones incorrectas, corresponde al proveedor la carga de demostrar que la operación de pago fue autenticada, registrada con exactitud y contabilizada, y que no se vio afectada por un fallo técnico u otra deficiencia del servicio prestado.

- El mero hecho del registro por el proveedor de la utilización del instrumento de pago no bastará para demostrar que la operación de pago fue autorizada por el ordenante, ni que este ha actuado de manera fraudulenta o incumplido deliberadamente o por negligencia grave una o varias de sus obligaciones, correspondiendo al proveedor la prueba de que el usuario del servicio de pago cometió fraude o negligencia grave.

En definitiva, en el caso que se resuelve se observa, de un lado, **una conducta diligente del titular de la cuenta, que informó, inmediata y reiteradamente, al personal de entidad de lo que estaba sucediendo, cumpliendo con su obligación; y, de otro lado, un servicio que se presta defectuosamente por el banco que ni toma en consideración la información recibida** pese a su gravedad, ni adopta medidas que posibilitaran la detección de eventuales maniobras fraudulentas.

Aun cuando la filtración o el conocimiento de las claves por un tercero no sea imputable a la entidad bancaria, esto no la libera de obligación de responder ni traslada al usuario la obligación de soportar las pérdidas, ya que el proveedor de servicios de pago, además de demostrar que el servicio se prestó correctamente, debía acreditar la concurrencia de fraude o incumplimiento deliberado o gravemente negligente por parte del usuario lo cual no sucede en este caso. Así pues, el que un tercero hubiera podido acceder a las claves de acceso a la banca digital del demandante no supone per sé que haya incurrido en negligencia alguna.

Concluye el TS que **corresponderá en este caso a la entidad bancaria responder de las pérdidas que sufre su cliente por cuanto no se aprecia en la actuación de este negligencia alguna y el servicio prestado fue defectuoso.**

Otro ejemplo de entidad bancaria condenada a pagar a una clienta víctima de una estafa por medio de SMS lo encontramos en la **sentencia de la Audiencia Provincial de Oviedo n.º 289/2024, de 28 de mayo, ECLI:ES:APO:2024:1967.**

Así, ante la controversia de determinar **quién debe responder por las operaciones de pago no autorizadas realizadas por un tercero que, utilizando las credenciales del usuario que ha obtenido por cualquier medio, suplanta su identidad y accede electrónicamente a su cuenta sin su consentimiento,** el Tribunal Supremo recuerda la normativa y jurisprudencia europea y tras ello declara:

- El usuario de servicios de pago debe adoptar todas las medidas razonables a fin de proteger sus credenciales de seguridad personalizadas y, en caso de extravío, sustracción o apropiación indebida del instrumento de pago o de su utilización no autorizada, ha de notificarlo al proveedor de servicios de pago de manera inmediata.

- **En caso de una operación de pago no autorizada o ejecutada incorrectamente**, si el usuario de servicios de pago se lo comunica sin demora injustificada, el proveedor debe proceder a su rectificación y reintegrar el importe de inmediato.

- **Ante operaciones incorrectas**, corresponde al proveedor la carga de demostrar que la operación de pago fue autenticada, registrada con exactitud y contabilizada, y que no se vio afectada por un fallo técnico u otra deficiencia del servicio prestado.

- **El mero hecho del registro por el proveedor de la utilización del instrumento de pago no bastará para demostrar que la operación de pago fue autorizada por el ordenant**e, ni que este ha actuado de manera fraudulenta o incumplido deliberadamente o por negligencia grave una o varias de sus obligaciones, correspondiendo al proveedor la prueba de que el usuario del servicio de pago cometió fraude o negligencia grave.

En definitiva, en el caso que se resuelve se observa, de un lado, **una conducta diligente del titular de la cuenta, que informó, inmediata y reiteradamente, al personal de entidad de lo que estaba sucediendo,** cumpliendo con su obligación; y, de otro lado, un servicio que se presta defectuosamente por el banco que ni toma en consideración la información recibida pese a su gravedad, ni adopta medidas que posibilitaran la detección de eventuales maniobras fraudulentas.

Aun cuando la filtración o el conocimiento de las claves por un tercero no sea imputable a la entidad bancaria, esto no la libera de obligación de responder ni traslada al usuario la obligación de soportar las pérdidas, ya que el proveedor de servicios de pago, además de demostrar que el servicio se prestó correctamente, debía acreditar la concurrencia de fraude o incumplimiento deliberado o gravemente negligente por parte del usuario lo cual no sucede en este caso. Así pues, el que un tercero hubiera podido acceder a las claves de acceso a la banca digital del demandante no supone per sé que haya incurrido en negligencia alguna.

Concluye la AP de Oviedo que corresponderá en este caso a la entidad bancaria responder de las pérdidas que sufre su cliente por cuanto no se aprecia en la actuación de este negligencia alguna y el servicio prestado fue defectuoso.

Así, por lo tanto, previamente, **con relación a la responsabilidad del proveedor de servicios de pago**, en caso de operaciones de pago no autorizadas, el art. 45.1 del Real Decreto-ley 19/2018, de 23 de noviembre, establece:

«(...) **el proveedor de servicios de pago del ordenante devolverá a éste el importe de la operación no autorizada de inmediato y, en cualquier caso, a más tardar al final del día hábil siguiente a aquel en el que haya observado o se le haya notificado la operación,** salvo cuando el proveedor de servicios de pago del ordenante tenga motivos razonables para sospechar la existencia de fraude y comunique dichos motivos por escrito al Banco de España, en la forma y con el contenido y plazos que éste determine. En su caso, el proveedor de servicios de pago del ordenante restituirá la cuenta de pago en la cual se haya efectuado el adeudo al estado en el que se habría encontrado de no haberse efectuado la operación no autorizada».

Pero **¿qué se entiende por operación no autorizada?** De acuerdo con el art. 36 del RD-ley de Servicios de Pago y otras medidas urgentes en materia financiera (RD-ley 19/2018, de 23 de noviembre) establece que se considerarán operaciones autorizadas aquellas en las que el ordenante haya dado el consentimiento para su ejecución. A falta de consentimiento la operación de pago se considerará no autorizada.

En relación, la seguridad informática de entidades financieras como bancos, tenemos que tener en cuenta **el Reglamento (UE) 2022/2554, del Parlamento Europeo y del Consejo de 14 de diciembre de 2022 sobre la resiliencia operativa digital del sector financiero y por el que se modifican los Reglamentos (CE) n.º 1060/2009, (UE) n.º 648/2012, (UE) n.º 600/2014, (UE) n.º 909/2014 y (UE) 2016/1011,** conocido como DORA, que entró en vigor el 16 de enero de 2023 pero se aplicará a partir del 17 de enero 2025, tiene como objetivo reforzar la seguridad informática de entidades financieras como bancos, compañías de seguros y empresas de inversión. El citado reglamento armoniza las normas relativas a la resiliencia operativa del sector financiero, **estableciendo requisitos para la gestión de incidencias de ciberseguridad**, la notificación de incidentes, la realización de pruebas de resiliencia operativa, el establecimiento de acuerdos de intercambio de ciberamenazas y la monitorización del riesgo de la cadena de suministro de las entidades financieras.

Asimismo, reconoce que los incidentes de ciberseguridad y la falta de resiliencia operativa, el establecimiento de acuerdos de intercambio de ciberamenzadas y la monitorización del riesgo de la cadena de suministro de las entidades financieras.

Además, reconoce que los incidentes de ciberseguridad y la falta de resiliencia operativa pueden poner en peligro la solidez del sistema financiero.

DORA establece requisitos específicos en cuatro dominios principales:

- **Gestión y gobernanza del riesgo de TIC**: las entidades financieras deben desarrollar marcos integrales de gestión del riesgo de las TIC, identificando y clasificando activos críticos, realizando evaluaciones continuas de riesgos y estableciendo medidas de ciberseguridad adecuadas. El órgano de dirección de las entidades financieras será el responsable de definir las estrategias de gestión del riesgo, las políticas, gobernanza, gestión, revisión y supervisión y podrá ser responsable personalmente por el incumplimiento de la regulación

- **Notificación de incidentes**: las entidades financieras deben establecer sistemas para monitorear, administrar, registrar, clasificar e informar incidentes relacionados con las TIC. Deben presentar informes a las autoridades competentes y a los clientes y socios afectados sobre incidentes graves, proporcionando informes iniciales, intermedios y finales, y, con carácter voluntario, incidentes importantes.

- **Pruebas de resiliencia operativa digital, e intercambio de amenazas: las instituciones financieras deben probar regularmente sus sistemas de TIC para evaluar su fortaleza y detectar vulnerabilidades.** Las pruebas incluyen evaluaciones de vulnerabilidades y pruebas basadas en escenarios, así como pruebas de penetración con amenazas especificas dirigías a entidades financieras. Igualmente, se deben establecer acuerdos de intercambio de información e inteligencia en relación con las ciberamenazas y las vulnerabilidades de ciberseguridad entre las entidades financieras.

- **Gestión de riesgos de terceros:** las instituciones financieras deben asumir un papel activo en la gestión del riesgo de terceros de TIC, estableciendo acuerdos contractuales específicos y mapeando dependencias de la cadena de suministro. Los proveedores de servicios de TIC críticos también estarán sujetos a supervisión directa y deberán cumplir con los requisitos de DORA.

Así, las entidades financieras, que no sean microempresas, deben:

- **Disponer de medidas internas de gobernanza y control** que garanticen una gestión eficaz y prudente del riesgo de las TIC.

- **Asegurarse de que su órgano de dirección define, aprueba, supervisa y es responsable de todas las disposiciones pertinentes.**

- **Contar con un marco de gestión de riesgos en TIC sólido, completo y bien documentado** con las estrategias, políticas, procedimientos, protocolos y herramientas necesarios para responder con rapidez y eficacia.

- **Utilizar y mantener sistemas, protocolos y herramientas actualizados en el ámbito de las TIC que sean adecuados, fiables, tecnológicamente resistentes** y tengan capacidad suficiente.

- **Identificar, clasificar y documentar adecuadamente todas las funciones, roles y responsabilidades empresariales apoyadas por las TIC**, y revisar los escenarios de riesgo.

- **Supervisar de forma continua la seguridad y el funcionamiento de los sistemas y herramientas de TIC** para minimizar las repercusiones de cualquier riesgo de TIC.

- **Detectar rápidamente las anomalías** e identificar posibles puntos de fallo.

- **Establecer una política global de continuidad empresarial de las actividades de TIC** con planes, procedimientos y mecanismos adecuados.

- **Desarrollar y documentar políticas de copias de seguridad** y procedimientos de restauración y recuperación.

- **Desplegar recursos y personal para evaluar las vulnerabilidades y las ciberamenazas, los incidentes relacionados con las TIC, especialmente los ciberataques**, y analizar su posible impacto en la resiliencia operativa digital de la entidad; diseñar planes de comunicación de crisis para divulgar al menos los incidentes o vulnerabilidades más importantes relacionados con las TIC a clientes, homólogos y ciudadanos.

CUESTIONES

1. ¿Qué entidades financieras están afectadas por el DORA?

- Bancos.
- Aseguradoras.
- Gestores de fondos.
- Sociedades de valores.
- Plataformas de negociación.
- Proveedores de servicios de compensación y liquidación de valores.
- Agencias de calificación crediticia.

2. ¿Cuáles son los plazos de entrada en vigor del DORA?

- 16 de enero de 2023: entrada en vigor.
- 17 de enero de 2023 a 16 de enero de 2025: las entidades financieras tienen un plazo de 2 años para cumplir los requisitos establecidos en el reglamento DORA.
- 17 de enero de 2025: las entidades financieras tienen que estar cumpliendo los requisitos establecidos en el reglamento DORA y el inicio de las actividades de supervisión por las autoridades competentes.

En conclusión y a la vista de todo lo anterior, cuando un usuario o usuaria haya sufrido un ataque informático o un ciberataque en el que haya facilitado sus credenciales y claves a un tercero que ha ordenado los pagos, aquel o aquella no lo ha hecho de manera consciente, por lo que existe un vicio en la voluntad que anula el consentimiento, que se entiende por no dado.

Proceso penal tras una estafa en *Internet*

De acuerdo con el **artículo 364 de la LECrim**, el **delito de estafa** es un tipo en el que deben de hacer constar la preexistencia de las cosas estafadas, en caso de no haber testigos presenciales del hecho, se recibirá información sobre los antecedentes del que se presentare como agraviado, y sobre todas las circunstancias que ofrecieren indicios de este hallarse poseyendo aquéllas al tiempo en que resulte cometido el delito.

Así, las fases para el procedimiento penal del delito de estafa informática son las siguientes:

- **Denuncia o querella**: el proceso se inicia con la presentación de una denuncia o querella ante las autoridades competentes, como puede ser ante la policía, la Guardia Civil o ante el juzgado.

- **Fase de Instrucción**: una vez que la denuncia o querella, en su caso sea admitida a trámite se abre la fase de instrucción, donde el juez o jueza de instrucción investiga los hechos denunciados. Durante la tramitación de esta fase, se recaban pruebas, se toman declaraciones y se realizan las diligencias necesarias para esclarecer los hechos. El objetivo de esta fase es determinar si existen indicios suficientes de una comisión del delito.

- **Auto de procedimiento abreviado**: si el juez o la jueza considera que hay indicios suficientes de que el delito ha sido cometido, dicta un auto de procedimiento abreviado, ya que los delitos de estafa informática son delitos menos graves, y a continuación se dará traslado al Ministerio Fiscal y a las partes para que formulen sus escritos de acusación o defensa.

- **Juicio oral:** en esta fase se celebra el juicio oral ante el tribunal competente. Durante el transcurso del juicio, se practican las pruebas propuestas por las partes, se escuchan testigos y se valoran los documentos que hayan sido aportados.

- **Sentencia**: la sentencia podrá ser condenatoria o absolutoria. En caso de ser condenatoria la sentencia se impondrá una **pena de prisión de 6 meses a 3 años**.

- **Recursos:** contra la citada sentencia las partes pueden interponer los recursos que procedan, como el recurso de apelación ante la audiencia provincial correspondiente y en su caso recurso de casación ante el Tribunal Supremo. Asimismo, en caso de que la sentencia se haya dictado en ausencia, haya sido o no apelada, es susceptible de ser recurrida en anulación por el condenado en el mismo plazo y con iguales requisitos y efectos que los establecidos en el recurso de apelación.

CUESTIÓN

¿Quién tendrá que presentar la denuncia de un delito de estafa informática?

La denuncia podrá ser presentada por la víctima del delito o por cualquier persona que tenga conocimiento de los hechos.

Asimismo, debemos atender en este caso a lo dispuesto en el artículo 100 de la LECrim que establece que de todo delito nace acción penal para el castigo del culpable, como ya se ha señalado anteriormente, pero también puede nacer una **acción civil para la restitución de la cosa y la indemnización de perjuicios causados por el hecho punible**. Esta acción civil ha de entablarse juntamente con la penal, si bien, de acuerdo con el artículo 109 del CP el perjudicado o perjudicada podrá optar, en todo caso, por exigir la responsabilidad civil ante la jurisdicción civil.

Al respecto el **auto de la Audiencia Provincial de Madrid n.º 220/2024, de 7 de febrero, ECLI:ES:APM:2024:524A**:

> «El art.109.1 del Código Penal establece que "la ejecución de un hecho descrito por la ley como delito obliga a reparar, en los términos previstos en las leyes, los daños y perjuicios por él causados" y el art.100 LECR que "de todo delito o falta nace acción penal para el castigo del culpable, y puede nacer también acción civil para la restitución de la cosa, la reparación del daño y la indemnización de perjuicios causados por el hecho punible".
>
> Dicha responsabilidad civil comprende, conforme al art.110 CP, la restitución, la reparación del daño y la indemnización de perjuicios materiales y morales (...)».

|| Cuestión de competencia en relación con los delitos de estafa

La regla general para determinar la **competencia territorial** en los delitos de estafa, aun cuando se cometa a través de *Internet*, es aplicar el llamado **principio de ubicuidad** como así refleja el **ATS n.° 21380/2025, de 26 de junio, ECLI:ES:TS:2025:6338A**, cuando dice:

> «(...) De acuerdo a una reiterada jurisprudencia de esta Sala se ha señalado que el delito de estafa se comete en todos los lugares en los que se ha desarrollado acciones del delito: el engaño, el desplazamiento patrimonial, el perjuicio derivado de las anteriores, el lugar del desplazamiento económico, el del domicilio del perjudicado, donde ha recibido el engaño, etc, ... Esta Sala ha acudido al criterio de la ubicuidad en cuya virtud cualquiera de los lugares donde se haya desarrollado parte de la acciónmdelictiva **puede ser competente para la investigación de los hechos, criterio que en función de la complejidad del objeto de la investigación puede complementarse con el de la funcionalidad por la mayor facilidad en la investigación de los hechos, o por el lugar de la perfección material del delito correspondiente al lugar donde se realiza el desplazamiento económico**. También el domicilio de la víctima o el momento de incoación de la causa. El criterio de la complejidad en la instrucción no es intuitivo, sino que requiere una investigación para acreditar su concurrencia».

No obstante lo anterior, hay que tener en cuenta que en **las estafas por Internet la jurisprudencia no es uniforme**, y así señala el **ATS n.° 20189/2023, de 21 de marzo, ECLI:ES:TS:2023:3317A**:

> «Es cierto que en el caso de estafas informáticas esta Sala viene entendiendo que el criterio de ubicuidad puede no ser funcional y que debe atribuirse la competencia al Juzgado que esté en mejores condiciones para desarrollar la investigación. Sin embargo, este criterio solo debe aplicarse cuando exista una sólida razón que justifique el cambio del criterio competencial habitual.
>
> **Entre las situaciones que pueden aconsejar la aplicación del principio de funcionalidad, y sin que sea una enumeración cerrada**, podemos mencionar las siguientes: Fraudes producidos en distintas provincias procedentes todos ellos de una misma persona, en cuyo caso es razonable atribuir la competencia al lugar del domicilio del investigado; fraudes en los que la mayor parte de los elementos típicos del delito de estafa se producen en el domicilio del investigado, fraudes en los que por su complejidad los distintos hechos determinantes de la ilicitud se producen en distintas localidades y es en el domicilio del investigado donde se encuentran las pruebas o evidencias del ilícito y estafas producidas por medios informáticos en donde resulta complejo determinar el lugar de comisión del hecho, al estar concernidos distintos lugares, incluso radicados en el extranjero».

Así pues, entre otras resoluciones el **ATS n.° 21546/2025, de 10 de julio, ECLI:ES:TS:2025:6705A**, citando el **ATS n.° 20787/2022, de 19 de diciembre, ECLI:ES:TS:2022:18313A**, señala:

> «(...) la simple existencia de una estafa por medios electrónicos o informáticos no es razón suficiente para que el fuero competencial venga

determinado de forma automática por el domicilio del investigado. Se precisa una cierta complejidad en la investigaciónnque justifique la atribución de la competencia en favor del órgano judicial que esté en mejores condiciones para su desarrollo. El criterio de la funcionalidad tiene su origen en las dificultades para determinar la competencia en estafas informáticas en las que resulta, en ocasiones, problemático determinar el lugar de comisión del ilícito y resulta complejo la obtención de pruebas y el desarrollo de la investigación por estar concernidas empresas y personas radicadas en distintos lugares, incluso en el extranjero, pero no tiene razón de ser, como excepción, cuando se investiga un fraude sencillo donde los elementos típicos están perfectamente determinados, tal y como acontece en este caso».

CUESTIÓN

En un juzgado se inicia una investigación por un presunto delito de estafa informática. En el desarrollo de la misma se averigua que el entramado para la ejecución del delito se encuentra en otra localidad. El juzgado se inhibe a favor del de la localidad desde la que se ejecutaba la estafa, y este juzgado rechaza la inhibición. ¿Qué juzgado es el competente?

En este caso sería necesario determinar la competencia teniendo en cuenta qué tribunal está en mejores condiciones de culminar la investigación. En un caso como el cuestionado se ha pronunciado el **Tribunal Supremo en el auto, rec. 20303/2021, de 30 de junio, ECLI:ES:TS:2021:8990A,** en el que establece:

«En este caso, en principio en Reus tienen su domicilio algunos de los investigados y parece que desde allí operaban. Sin embargo, la facilidad que ello podría suponer de cara a obtener la mayor agilidad y eficacia en la instrucción queda neutralizada cuando ya el Juzgado de Castellón ha controlado sus comunicaciones, ha registrado los domicilios y locales donde vivían y actuaban, ha incautado el material que se localizó en ellos y autorizado el volcado y análisis de todos los datos. De manera que, no solo en este partido judicial se materializó el primer desplazamiento patrimonial del que los investigadores tuvieron conocimiento, lo que ensamblaría su competencia en el artículo 14.2 LECrim, sino que también fue el primero que comenzó a conocer, y el que, dado el avance de la instrucción de la que se ha encargado durante más de un año, se encuentra en mejores condiciones para culminar la misma».

ANEXO I.
CASOS PRÁCTICOS

Caso práctico | ¿Quién debe asumir la responsabilidad por las cantidades sustraídas en un caso de «smishing»?

PLANTEAMIENTO

«A» recibe en su teléfono móvil un SMS con un enlace que procede, aparentemente, de su banco. Pincha en el enlace que le redirige a una página *web* dándose cuenta de inmediato de que es un fraude y que se le está sustrayendo dinero de su cuenta bancaria a través de diferentes operaciones fraudulentas. «A» sin demora contacta con su banco para que adopte las medidas oportunas ante esta situación. La entidad bancaria consigue bloquear una parte de las operaciones, procediendo a la devolución a su cliente del importe de dos operaciones, pero quedando pendiente el importe de las restantes.

«A» le reclama la cantidad no devuelta a la entidad bancaria ¿será esta responsable por dichas operaciones fraudulentas? ¿Ha incurrido «A» en algún tipo de responsabilidad que permita la exoneración de la entidad bancaria?

RESPUESTA

En relación con el caso planteado vamos a partir del supuesto contemplado en la sentencia de la Sección Civil y de Instrucción del Tribunal de Instancia de Guadix, plaza n.º 2, n.º 132/2025, de 4 de julio, ECLI:ES:JPII:2025:167.

Se trata aquí de un supuesto de smishing que se puede definir como «(...) una técnica que utiliza el atacante que consiste en el envío de un SMS simulando ser una entidad legítima con el objetivo de robar datos personales y/o confidenciales, realizar un cargo económico o incluso instalar malware. Por lo general, en el mensaje se invita al usuario víctima a acceder a un enlace de una web fraudulenta, en apariencia legítima, bajo un pretexto».

En el caso que nos ocupa cabe concluir que la responsabilidad por las operaciones fraudulentas debe recaer en la entidad bancaria que, en consonancia con ello, debe proceder a devolver a su cliente las cantidades de este modo defraudadas. No podrá exonerarse de responsabilidad la entidad bancaria toda vez que «A» no ha incurrido en fraude o negligencia grave.

Se llega a tal conclusión atendiendo a lo previsto en el Real Decreto-ley 19/2018, de 23 de noviembre, de servicios de pago y otras medidas urgentes en materia financiera, concretamente sus artículos 43 a 45 de los que se infiere:

- La obligación del proveedor de servicios de pago de rectificar las operaciones de pago no autorizadas o ejecutadas incorrectamente cuando el usuario se lo comunique sin demora injustificada, como se hace en el supuesto que nos ocupa. Es más así resulta de la devolución inmediata del importe de una parte de las operaciones, sin que haya explicación para la falta de devolución de la totalidad de los importes.

- La carga de la prueba respecto de la autorización de la operación y la ausencia de fallos o deficiencias en el sistema del servicio de pago corresponde al proveedor del servicio de pago. Es decir, debe la entidad bancaria demostrar en este caso que «A» incurrió en fraude o negligencia grave. A estos efectos «(...) el registro por el proveedor de servicios de pago, incluido, en su caso, el proveedor de servicios de iniciación de pagos, de la utilización del instrumento de pago no bastará, necesariamente, para demostrar que la operación de pago fue autorizada por el ordenante, ni que éste ha actuado de manera fraudulenta o incumplido deliberadamente o por negligencia grave una o varias de sus obligaciones con arreglo al artículo 41».

Asimismo, en relación con lo anterior, hay que traer a colación la obligación del usuario de servicios de pago de adoptar las medidas razonables a fin de proteger sus credenciales de seguridad personalizadas (art. 41 del Real Decreto-ley 19/2018, de 23 de noviembre). Esta obligación no se considera infringida por «A».

Finalmente, tener presente, en casos análogos al planteado, por lo que se refiere a las obligaciones legales en materia de ciberseguridad, la Directiva (UE) 2022/2555 del Parlamento Europeo y del Consejo de 14 de diciembre de 2022 relativa a las medidas destinadas a garantizar un elevado nivel común de ciberseguridad en toda la Unión (NIS2), pendiente de trasposición, y el Reglamento (UE) 2022/2554 del Parlamento Europeo y del Consejo de 14 de diciembre de 2022 sobre la resiliencia operativa digital del sector financiero (DORA). En lo que se refiere a estas normas europeas, la sentencia que estamos analizando señala:

«(...) aunque la Directiva NIS2 no haya sido traspuesta en España, el Reglamento europeo DORA ya resulta de pertinente aplicación por las entidades bancarias. Y en este sentido no se ha aportado por la entidad bancaria sus políticas de gobernanza y control de ciberseguridad, su gestión de riesgos, sus medidas de supervisión continua, medidas de detección rápida de anomalías, las comunicaciones a los clientes en caso de incidente es de ciberseguridad, y sobretodo las políticas de la entidad bancaria que limiten el acceso físico o lógico a los activos de información y activos de TIC a lo que sea necesario únicamente para funciones y actividades legítimas y aprobadas, o las políticas y protocolos para mecanismos de autenticación fuerte, basados en estándares pertinentes y sistemas de control específicos, y medidas de protección de las claves criptográficas mediante las que se cifran los datos en función de los resultados de los procesos aprobados de clasificación de datos y evaluación de riesgos relacionados con las TIC.

Tampoco nada se ha dicho ni probado sobre los mecanismos de la entidad bancaria para detectar rápidamente las actividades anómalas».

A TENER EN CUENTA. Respecto de un caso de «SIM swapping» con idéntica resolución que el analizado resulta interesante la **STS n.º 571/2025, de 9 de abril, ECLI:ES:TS:2025:1671.**

Caso práctico | ¿Cómo puede participar en el delito de estafa el titular de la cuenta que recibe el dinero estafado?

PLANTEAMIENTO

«A» abre una cuenta en una determinada entidad bancaria y solicita dos tarjetas para operar con la misma. Acto seguido se recibe en dicha cuenta una determinada cantidad de dinero procedente de una operación fraudulenta constitutiva del delito de estafa informática del artículo 249 del CP.

«A» niega haber participado en dicha operación fraudulenta, limitándose a reconocer simplemente la titularidad de la cuenta bancaria y la fecha de apertura de la misma. Asimismo, niega haber recibido las tarjetas solicitadas.

¿Puede en este caso reconocerse responsabilidad penal a «A» aun cuando no conste su participación directa en las operaciones fraudulentas?

RESPUESTA

Un caso idéntico al planteado se contempla en la **sentencia de la Audiencia Provincial de Madrid n.º 264/2025, de 21 de mayo, ECLI:ES:APM:2025:6723**, donde se analizan las distintas formas de participación de las personas titulares de las cuentas bancarias en las que se reciben los importes defraudados, los conocidos como «muleros».

Se infiere de esta sentencia lo siguiente:

> «En los supuestos de estafas informáticas como la que aquí nos ocupa, se viene señalando por la jurisprudencia que, aun cuando, como sucede en el presente caso, **no exista prueba de quien figura como titular de la cuenta en la que se recibe el dinero sea la misma persona que ha inducido a otra**, mediante algún tipo de artificio, a introducir sus claves de seguridad, facilitándole así el **acceso a la cuenta del perjudicado** desde la que se realiza la transferencia, ello **no obsta a considerarle como cooperador necesario** al entender que la facilitación del número de cuenta constituye un acto sin el cual no podría haberse consumado la misma, prestando de esta forma una cooperación esencial a los hechos al permitir que se lleve a cabo su finalidad última cual es obtener, a través del engaño, un ilícito beneficio patrimonial. Y ello con conocimiento de su cooperación para tal fin, pues las cuentas a su nombre reflejan las transacciones que se llevaban a cabo.
>
> El elemento subjetivo del tipo viene colmado por el **conocimiento de que se ha facilitado su cuenta con ánimo de lucro** (...)».

Asimismo, cabe referir distintas situaciones respecto del titular de la cuenta en la que se reciben las cantidades estafadas, cuales son:

- El autor del delito de estafa sea el propio titular de la cuenta.

- El autor del delito de estafa es diferente del titular de la cuenta: en este caso debe procurarse de una persona, bien conozca el plan del autor, bien se le capte por otros medios, que facilite sus datos bancarios y se comprometa a entregar los fondos al que realiza el engaño, normalmente a cambio de una comisión. Se distingue aquí, a su vez, entre los casos siguientes:
  - El titular de la cuenta lo sea solo a efectos formales disponiendo de los fondos de terceras personas.
  - El titular de la cuenta desconozca incluso que se ha abierto una cuenta a su nombre, en este caso tendría la condición de perjudicado.
  - El titular de la cuenta tenga una participación directa en la apertura de la cuenta, en su gestión y en la disponibilidad de los fondos, siendo en este caso elemento fundamental del delito de estafa.

Analizada las diferentes formas de participación de la persona titular de la cuenta que recibe las cantidades estafadas y admitido jurisprudencialmente el hecho de que puede apreciarse responsabilidad de aquella por el simple hecho de facilitar los datos de la cuenta a la persona defraudadora, cabe señalar que «A» sí incurriría en responsabilidad en el caso planteado.

Señala la audiencia en este sentido, citando la **STS n.º 51/2020, de 17 de febrero, ECLI:ES:TS:2020:2017**:

> «El facilitar el número de la cuenta bancaria supone un elemento necesario e imprescindible para que se cometa el delito de estafa, de tal manera que si el acusado no hubieran facilitado el mismo, no se habría podido cometer el delito.
>
> La indicada sentencia considera que, en el ámbito de las estafas informáticas, la ignorancia del resto del operativo no borra ni disminuye la culpabilidad de los "muleros", porque fueron conscientes de la antijuridicidad de su conducta, prestando su conformidad con un evidente ánimo de enriquecimiento, ya supieran, no quisieran saber - ignorancia deliberada- o les fuera indiferente, el origen del dinero que en cantidad tan relevante recibieron. Lo relevante, según señala el Tribunal supremo, es que, cuando los denominados "muleros" se benefician con todo o parte del fraude, como "pago" de sus servicios, es obvio que prestan su colaboración eficiente y causalmente relevante en una actividad antijurídica, con pleno conocimiento y cobrando por ello, por lo que su intervención puede considerarse como una cooperación necesaria».

Caso práctico | ¿El ingreso de una cantidad estafada en una cuenta bancaria puede constituir delito de blanqueo de capitales?

PLANTEAMIENTO

«A», indicando los datos de «B», ofrece en una página *web* dedicada a la compraventa de bienes un determinado producto cuyo precio de adquisición se fija en 850 euros. Una tercera persona, «C», interesada en dicho bien se pone en contacto con «A» y conciertan la venta. Al efecto de hacer efectiva esta, «A» abre una cuenta bancaria a nombre de «B» y le facilita el número de esta a «C» para que haga en ella el ingreso de 850 euros.

Hecha la transferencia del importe indicado, «C» nunca llega a recibir el bien ofertado y decide denunciar a «B» por ser la persona aparentemente responsable de la operación, así como la titular de la cuenta en la que se recibe la cantidad defraudada.

¿Puede «B» ser responsable de un delito gravemente imprudente de blanqueo de capitales posterior a la estafa cometida?

RESPUESTA

El caso planteado toma por base lo previsto en la **sentencia del Tribunal Supremo n.º 224/2024, de 7 de marzo, ECLI:ES:TS:2024:1337**.

En relación con los hechos, cabe apreciar la concurrencia de un delito de estafa toda vez que «A» suplantando la identidad de «B» y utilizando sus datos personales consigue verificar la operación de venta fraudulenta obteniéndose un beneficio económico de 850 euros.

A los efectos de poder apreciar un delito de blanqueo de capitales por parte de quien actúa como «mulero» en un delito de estafa habrá de atenderse a las circunstancias concurrentes en cada caso de modo que señala la **STS n.º 834/2012, de 25 de octubre, ECLI:ES:TS:2012:8284**:

> «(...) la calificación jurídica de los hechos como integrantes de un delito de estafa informática, receptación o blanqueo de capitales, obligará a analizar en qué medida el dolo de ese tercero que hace posible el rendimiento del capital evadido, capta los elementos del tipo objetivo del delito de estafa (...)».

En el mismo sentido, la **SAP de Almería n.º 557/2024, de 11 de diciembre, ECLI:ES:APAL:2024:1612**, prevé:

> «(...) cuando queda acreditado que la mula tiene conocimiento de su condición de engranaje en el entramado criminal de la estafa su conducta ha de ser castigada como delito de estafa informática,(...). En otros casos, cuando no es posible acreditar la conexión de la conducta de la mula con la del autor del delito de estafa, los Tribunales, por lo general, se suelen decantar por la calificación jurídica como delito de blanqueo de capitales (...).
>
> (...)

En lo que se refiere al presente caso y como a continuación se argumentará existen evidentes indicios para considerar acreditado sin atisbo de duda alguna que el acusado tuvo una participación esencial en el desarrollo de las maniobras fraudulentas realizadas para llevar a cabo el desplazamiento patrimonial y era totalmente conocedor el origen ilícito de dinero que se preparó para recibir en una cuenta bancaria abierta ex proceso para recibir las transferencias de la víctima y repartir el dinero en la forma convenida con la organización, realizando disposiciones con tarjeta y realizándose transferencias a otras cuentas de las que también era titular».

A la vista de lo expuesto, respecto de la concurrencia en «B» de responsabilidad penal por un delito de blanqueo de capitales en su modalidad de imprudencia grave, la respuesta ha de ser negativa. Llega a esta conclusión el TS en base a los argumentos que se señalan a continuación.

En primer lugar, el delito de blanqueo de capitales del artículo 301 del CP requiere una actividad delictiva previa castigando a los que de cualquier forma ayuden a su autor a beneficiarse de los bienes procedentes de ese delito previo. En este caso, esa actividad previa sería el delito de estafa cometido.

No obstante, a pesar de lo anterior, no cabe apreciar en este caso la concurrencia de la conducta propia del blanqueo de capitales. No se trata de una acción destinada a facilitar la introducción en el mercado regular de unos fondos cuyo origen es ilícito ya que tienen su origen en un delito antecedente. La cuenta bancaria se abre con el objeto de cometer el fraude, no para legalizar el resultado del mismo. Se trata realmente de un delito de estafa, no pudiendo apreciarse la conducta propia del blanqueo de capitales. No se aprecian en el caso actividades ulteriores de «lavado».

En segundo lugar, el otro argumento que permite descartar la concurrencia del delito del artículo 301 del CP es, según el TS, el importe de dinero manejado —850 euros—, en ese sentido señala el Alto Tribunal:

«(...) Con la base que representa la terminología legal -blanqueo de capitales-elegida como leyenda encabezadora del capítulo correspondiente del cuerpo normativo y la filosofía que inspira la represión de esas conductas (que tiene que ver con la protección del mercado y la economía, con el orden socio-económico), se entiende bien que solo exista blanqueo punible cuando las cantidades o bienes manejados adquieran cierta significación. No alcanza ese rango la cifra a que se refieren los hechos. Negocios de bagatela, de cuantía insignificante, no son típicos. Una lectura del precepto en clave teleológica, asentada en la dimensión socioeconómica del bien jurídico protegido, empuja a esa interpretación, en exégesis que se ve reforzada por el uso del término "capitales". Eso, -conviene advertirlo- no conduce a negar relevancia penal a quienes cooperan al lavado de elevados montos pecuniarios, aunque sea su contribución, como la de otros muchos, solo alcance pequeñas cantidades; pero sí a expulsar del art. 301 actividades que faciliten el aprovechamiento de delitos cuyo rendimiento económico es escaso (v.gr., un delito leve de hurto o estafa, un robo de escasa cuantía, o las modestas ganancias de la venta al menudeo de droga blanda). No tendría sentido que el blanqueo mereciese más pena que la previa actividad delictiva (...)».

ANEXO II.
FORMULARIOS

Escrito de reclamación extrajudicial al banco exigiendo responsabilidad por *phishing*

Titular: [ESPECIFICAR]

NIF: [ESPECIFICAR]

Domicilio: [ESPECIFICAR]

Asunto: Reclamación sobre CANTIDADES DE LAS QUE SE HA DISPUESTO SIN AUTORIZACIÓN DEL TITULAR.

AL SERVICIO DE ATENCIÓN AL CLIENTE
DE [NOMBRE_ENTIDAD_BANCARIA]

En [LOCALIDAD], A [FECHA].

D./D.ª [NOMBRE_ABOGADO/A] colegiado/a n.º [NÚMERO] del ICA de [LUGAR] **(1)** en representación de D./D.ª [NOMBRE] con DNI [NÚMERO] y domicilio en [DIRECCIÓN] según acredito mediante poder que acompaño como **documento n.º** [NÚMERO], vengo a presentar **RECLAMACIÓN EXTRAJUDICIAL** por reclamación de las cantidades de las que se ha dispuesto de la cuenta de mi mandante sin su autorización.

HECHOS

PRIMERO.- Mi representado/a es cliente de esta entidad como titular de la cuenta n.º [NÚMERO], así como de la tarjeta de débito [NÚMERO] y tarjeta de crédito [NÚMERO]. En fecha [FECHA] firmó un contrato de banca electrónica con la entidad por el cual se estipulaban las siguientes condiciones [ESPECIFICAR]. **(2)**

SEGUNDO.- Con fecha [FECHA] se produjeron una serie de transferencias/pagos desde la cuenta n.º [NÚMERO] los cuales no fueron autorizados por mi representado. Estos movimientos, según se acredita con el **documento n.º** [NÚMERO], consistieron en [ESPECIFICAR]. **(3)**

TERCERO.- Mi cliente desconoce el origen de esas transferencias y niega haber sido el ordenante de las mismas, motivo por el cual se puso inmediatamente en contacto con el banco y ha presentado la correspondiente denuncia ante [ESPECIFICAR].

Se adjunta copia de la comunicación al banco como **documento n.º** [NÚMERO], y copia de la denuncia presentada como **documento n.º** [NÚMERO].

CUARTO.- Corresponde a la entidad bancaria hacerse responsable de estas disposiciones debiendo devolver de inmediato la cuantía total conforme a lo señalado en el art. 45.1 del Real Decreto Ley 19/2018, de 23 de noviembre que establece:

> «1. Sin perjuicio del artículo 43 de este real decreto-ley, en caso de que se ejecute una operación de pago no autorizada, el proveedor de servicios de pago del ordenante devolverá a éste el importe de la operación no autorizada de inmediato y, en cualquier caso, a más tardar al final del día hábil siguiente

a aquel en el que haya observado o se le haya notificado la operación, salvo cuando el proveedor de servicios de pago del ordenante tenga motivos razonables para sospechar la existencia de fraude y comunique dichos motivos por escrito al Banco de España, en la forma y con el contenido y plazos que éste determine. En su caso, el proveedor de servicios de pago del ordenante restituirá la cuenta de pago en la cual se haya efectuado el adeudo al estado en el que se habría encontrado de no haberse efectuado la operación no autorizada.

La fecha de valor del abono en la cuenta de pago del ordenante no será posterior a la fecha de adeudo del importe devuelto».

Esta responsabilidad de la entidad bancaria la han recogido los tribunales en múltiples sentencias, así entre las más recientes podemos citar la **SAP de Murcia n.º 414/2022, de 19 de diciembre, ECLI:ES:APMU:2022:3111**:

«iii. En los casos de operaciones de pago ya ejecutadas no autorizadas, será responsable de demostrar que la operación de pago fue autenticada, registrada con exactitud y contabilizada, y que no se vio afectada por un fallo técnico u otra deficiencia del servicio prestado por el proveedor de servicios de pago (art. 44.1 RDLSP).

iv. Corresponderá al proveedor de servicios de pago probar que el usuario del servicio de pago cometió fraude o negligencia grave (art. 44.3 RDLSP).

v. Estará obligado a la devolución de las operaciones de pago no autorizadas de forma inmediata desde la notificación de la operación no autorizada, salvo que tenga sospechas razonables de fraude y comunique dichos motivos, por escrito, al Banco de España (art. 45.1 RDLSP).

Tercero: Aplicación al caso concreto .

10.- Como se deriva del régimen señalado en el fundamento de derecho anterior, en lo que respecta a la responsabilidad por operaciones de pago fraudulentas o no autorizadas, el proveedor de servicios de pago se encuentra sujeto al cumplimiento de específicas obligaciones de protección en la emisión de los instrumentos de pago y en los procesos de autenticación de las operaciones de pago cuya finalidad es minimizar la probabilidad de ejecución de operaciones no autorizadas, respondiendo por las operaciones de pago resultantes del uso fraudulento del instrumento de pago por un tercero, ordenante actuara de manera fraudulenta, o incumpliendo deliberadamente o por negligencia grave alguna de las obligaciones recogidas en el art. 41 RDLSP. Por ello, , como señala la SAP Badajoz (3ª) 159/22, "... al proveedor de servicios de pago le corresponde la carga procesal de acreditar tanto su propio comportamiento diligente en la autenticación de la operación de pago como, en su caso, el fraude (requerirá de la acreditación de hechos de los que pudiera llegar a inferirse que aquel actuó con engaño para beneficiarse de la operación de pago) o la negligencia grave del ordenante (requerirá de la acreditación de las circunstancias concurrentes en la operación de pago de las que quepa inferir que la misma pudo realizarse porque aquel obró con una significativa falta de diligencia al usar del instrumento de pago o al proteger sus credenciales)"».

Por parte de mi representado no se ha producido ningún tipo de negligencia ni fraude y por tanto no se exime a la entidad bancaria de su responsabilidad, siendo ésta quien debe proporcionar al cliente un servicio de banca electrónica segura conforme han señalado los tribunales. En este sentido la **SAP de Madrid n.º 74/2022, de 28 de febrero, ECLI:ES:APM:2022:616**:

«Destacar esta conclusión:

«(...) "La falsedad de la transferencia (es decir, que el ordenante no sea el titular de la cuenta) es un riesgo a cargo del banco porque, en principio, el deudor sólo se libera pagando al verdadero acreedor por lo que **si el banco cumple una orden falsa, habrá de reintegrar en la cuenta correspondientes las cantidades cargadas**. Una excepción a esta distribución de riesgos se produce en el caso de que el titular haya creado o elevado el riesgo de falsificación de forma imputable en el caso concreto (STS 15 de julio de 1988). ....(....) - Los servicios que prestan las entidades de crédito a sus clientes a través de su oficina virtual se desenvuelven en redes TCP/IP (*Internet*) o WAP (comunicaciones móviles). 11.- Siendo *Internet* una red pública de comunicaciones, la seguridad de las operaciones bancarias precisa de soluciones tecnologías avanzadas a los efectos de garantizar tanto la autenticidad como la integridad y la confidencialidad de los datos. Por estos motivos **las entidades prestadoras del servicio de banca online deben dotarse de medidas suficientes que garanticen al usuario la seguridad de las operaciones**. Consecuencia derivada de la omisión, insuficiencia o defectuoso funcionamiento de las adoptadas es que han de ser las entidades bancarias las que asuman las consecuencias derivadas de los fallos de seguridad del sistema. (.....)-La responsabilidad en estos supuestos no puede atribuirse directamente al supuesto ordenante de la transferencia por entenderse ésta autorizada al haberse realizado de acuerdo con los sistemas de autenticación del banco. Los sistemas de autenticación se establecen por los proveedores de servicios de pago y si un banco no ha sido capaz de limitar el acceso al canal de banca electrónica no puede pretender que el presunto ordenante víctima de esta práctica fraudulenta sea el único responsable, pues es el banco quien tiene responsabilidad respecto del buen funcionamiento y la seguridad del mismo».

La **sentencia del Tribunal Supremo n.º 571/2025, de 9 de abril, ECLI:ES:TS:2025:1671**, señala:

«Estos precedentes ponían de manifiesto, para cualquier observador medio, razonablemente atento y perspicaz, y más aún, para un empleado de banca, que alguien había conseguido acceder a las cuentas del actor, y, por ende, que disponía de sus claves de usuario y contraseña, lo que hubiera debido motivar una reacción inmediata, que pasaba cuando menos por la modificación de las claves y/o códigos. Nada se hizo. Al no adoptarse medida de protección alguna, tan solo restaba que los autores encontraran la manera de eludir el último obstáculo, esto es, la vía para recibir directamente el código de confirmación de la operación.

Por otra parte, los avances de la tecnología actual hacen relativamente sencillo diseñar sistemas o aplicaciones informáticas idóneas para detectar ciertas anomalías en la prestación de los servicios de pago. Operaciones que, tratándose de empresas o sociedades con un concreto objeto social, pueden calificarse como ordinarias, deben inmediatamente levantar sospechas y dar lugar a una respuesta cuando afectan a personas físicas ajenas a tales actividades. A este respecto, sería suficiente un control automático de determinados factores, como el número y sucesión de operaciones, el intervalo en que se ejecutan, la hora del día, su importe, entidades de destino..., para generar un aviso que reforzara los requisitos de confirmación y minimizara los posibles riesgos. No puede considerarse como normal e irrelevante que una persona que jamás efectúa operaciones de madrugada, de repente, proceda a llevar a cabo hasta diecisiete operaciones seguidas y por un importe tan elevado. Del mismo modo que el sistema rechazó dos de Bizum por exceder del máximo diario, el proveedor de servicios de pago ha de adoptar las medidas de seguridad que garanticen su correcto funcionamiento y minimicen los riesgos y los efectos nocivos de su materialización.

Llegado este punto, nos encontramos, de un lado, ante una conducta diligente del titular de la cuenta, que informó, inmediata y reiteradamente, al personal de entidad de lo que estaba sucediendo, cumpliendo la obligación que expresamente le imponía la normativa comunitaria y nacional; y, de otro lado, ante un servicio que se presta defectuosamente por el proveedor, tanto por no tomar en consideración la información recibida pese a su gravedad, como por omitir la adopción de medidas que posibilitaran la detección de eventuales maniobras fraudulentas».

Por todo lo expuesto, **SOLICITO**:

Que se reintegre la totalidad de [CUANTÍA] euros de los que se ha dispuesto sin la autorización de D./D.ª [NOMBRE] titular de la cuenta [NÚMERO], ello en virtud de la responsabilidad establecida en el art. 45.1 del Real Decreto Ley 19/2018, de 23 de noviembre.

En [LUGAR], a [FECHA].

Letrado D./D.ª

[NOMBRE Y FIRMA LETRADO NUMEROCOLEGIADO_ ABOGADO_CLIENTE]

Procurador D./D.ª

[NOMBRE Y FIRMA PROCURADOR NUMERO COLEGIADO_ PROCURADOR_CLIENTE]

---

(1) La reclamación al SAC de la entidad bancaria puede presentarse directamente por el cliente. No es preceptiva su presentación por abogado, si bien es recomendable el asesoramiento letrado.

(2) OPCIONAL. En este apartado especificar las condiciones del contrato de banca electrónica especialmente las que se refieren a los sistemas de autorización de las operaciones y autentificación de la firma, notificación de movimientos no autorizados por el cliente a la entidad, uso y bloqueo de la cuenta y tarjetas, reglas de seguridad y en su caso responsabilidad del banco.

(3) Especificar la fecha y cuantía de las operaciones no autorizadas.

Demanda por *phishing* bancario reclamando responsabilidad a la entidad bancaria por operaciones no autorizadas

A TENER EN CUENTA. Por la reforma realizada por la LO 1/2025, de 2 de enero, una vez implantados de forma efectiva los tribunales de instancia (D.T. 1.ª), todas las referencias realizadas a los juzgados unipersonales se entenderán realizadas a las secciones del orden jurisdiccional correspondiente de los tribunales de instancia.

A TENER EN CUENTA. Desde el 03/04/2025 por la reforma realizada por la LO 1/2025, de 2 de enero, se exige para la admisión de las demandas civiles el haber acudido a un medio adecuado de solución de controversias (MASC). Es el **artículo 5 de la LO 1/2025, de 2 de enero**, el que determina estos casos.

AL JUZGADO DE PRIMERA INSTANCIA DE [LOCALIDAD] QUE POR TURNO CORRESPONDA/SECCIÓN DE LO CIVIL DEL TRIBUNAL DE INSTANCIA DE [ESPECIFICAR] (3)

D./D.ª [NOMBRE_PROCURADOR_CLIENTE], procurador/a de los tribunales, colegiado/a n.º [NÚMERO_COLEGIADO] en nombre y representación de D./D.ª [NOMBRE_CLIENTE], mayor de edad, con DNI/NIE n.º [NÚM. DOCUMENTO], con domicilio a efectos de notificaciones en [DOMICILIO_CLIENTE], según se acredita mediante la copia de la escritura de poder especial para pleitos que, debidamente bastanteada acompaño y cuya devolución intereso para otros usos/poder apud acta, ante el juzgado comparezco y, como mejor proceda en derecho,

DIGO

Por medio del presente escrito vengo a formular demanda de **JUICIO** [ESPECIFICAR] **(1) DECLARATIVO DE LA RESPONSABILIDAD CIVIL Y RECLAMACIÓN DE DAÑOS Y PERJUICIOS**, contra la entidad bancaria [ESPECIFICAR], con CIF [NÚMERO] y domicilio en [DOMICILIO], demanda que tiene su fundamento en los siguientes,

HECHOS

PRIMERO.- RELACIÓN CONTRACTUAL

Mi mandante es cliente de la entidad bancaria [ESPECIFICAR].

La relación contractual de la que trae causa este procedimiento es la siguiente: [ESPECIFICAR].

Dicho contrato tiene asociado tanto un servicio de banca electrónica como un servicio de tarjeta de [CRÉDITO/DÉBITO].

Adjuntamos como **documento n.º** [NÚMERO] copia del referido contrato y sus anexos.

SEGUNDO.- OPERACIONES NO AUTORIZADAS

En fecha [ESPECIFICAR] D./D.ª [NOMBRE_CLIENTE] fue víctima de una estafa conocida como «phishing», que consistió en [ESPECIFICAR]. **(2)**

Mi cliente se percató en fecha [ESPECIFICAR] de que en su cuenta faltaban [CANTIDAD] euros, que se correspondían con [ESPECIFICAR_OPERACIONES_NO_AUTORIZADAS].

Adjuntamos como **documento n.º** [NÚMERO] extracto de la cuenta bancaría número [NÚMERO].

TERCERO.- COMUNICACIÓN AL BANCO Y DENUNCIA

D./D.ª [NOMBRE_CLIENTE] procedió de manera inmediata a comunicar el hecho a la entidad demandada, solicitando el bloqueo de la cuenta y la cancelación de sus tarjetas.

A continuación, acudió a dependencias policiales a presentar la correspondiente denuncia.

CUARTO.- RECLAMACIÓN AL SAC DE LA ENTIDAD BANCARIA Y AL BANCO DE ESPAÑA

Una vez tuvo copia de la denuncia se dirigió nuevamente al banco para presentar ante su Servicio de Atención al Cliente una reclamación en la que se solicitaba la devolución de lo sustraído.

Como respuesta a su reclamación, el banco le indicó que la misma se denegaba, ya que las operaciones habían sido realizadas con las claves personales del titular.

Ante esta negativa, mi mandante presentó su reclamación ante el Banco de España, el cual contestó afirmando que la entidad bancaria había vulnerado el artículo 44 del RD-Ley 19/2018, de 23 de noviembre, en materia de transparencia y protección, y el 45 de la misma norma, al no restituir el importe.

Tras recibir esta respuesta, nuevamente se reclamó a la entidad demandada, sin resultado alguno.

Se acompañan como **documentos n.º** [NÚMERO], [NÚMERO] y [NÚMERO] copia de las reclamaciones presentadas ante el banco, de las respuestas negativas obtenidas, y de la reclamación presentada en el Banco de España y su respuesta.

QUINTO.- SOBRE LA DILIGENCIA DEL ACTOR/A

El actor/a en todo momento ha actuado con diligencia, si bien ha sido víctima de una estafa habitual, que motivó que hubiese facilitado sus datos personales, motivado por el error al que se le indujo. No puede achacársele una negligencia grave, puesto que el método fraudulento empleado *phishing* es de una complejidad y grado de perfección, difícilmente detectable por un cliente de las características del demandante, y a través del mismo han sido afectados un gran número de clientes de la entidad.

Además, mi mandante actuó en todo momento de buena fe, notificando los hechos a la entidad bancaria sin demora indebida en cuanto tuvo conocimiento de los mismos de acuerdo con el artículo 41 del Real Decreto Ley 19/2018, de 23 de noviembre, de servicios de pago y otras medidas urgentes en materia financiera.

Por su parte, la entidad demandada no asumió sus obligaciones, en primer lugar, por no adoptar todas las medidas de seguridad necesarias para evitar fraudes, entre los que se incluye la suplantación de identidad y, en segundo lugar, por no cumplir con lo dispuesto en la cláusula [ESPECIFICAR], en la que se dispone que [ESPECIFICAR].

Por todo ello, existe un evidente incumplimiento por [NOMBRE_PARTE_CONTRARIA], cuya manera de proceder se encuentra desprovista de legitimación alguna, ya que, a pesar de conocer la normativa sobre su responsabilidad en estos casos, se niega a asumirla.

SEXTO.- DE LOS PERJUICIOS SUFRIDOS POR MI MANDANTE

Como consecuencia de lo ocurrido, mi mandante ha sufrido una importante pérdida patrimonial, que asciende al importe total de [CANTIDAD] euros.

A los anteriores hechos, resultan de aplicación los siguientes,

FUNDAMENTOS DE DERECHO

I.- JURISDICCIÓN

Son de aplicación al caso el art. 117 de la CE y el art. 21 de la LOPJ.

Por los art. 9.2 de la LOPJ y 36 de la LEC, los jueces y juezas, así como los tribunales del orden civil conocerán, además de las materias que les son propias, de todas aquellas que no estén atribuidas a otro orden jurisdiccional.

II.- COMPETENCIA

Respecto del órgano competente para conocer del proceso, lo es el juzgado de primera instancia al que me dirijo correspondiente al domicilio del demandante, tal y como se desprende de las disposiciones de los artículos 45 y 51 de la Ley de Enjuiciamiento Civil y del artículo 85 de la LOPJ. **(4)**

III.- PROCEDIMIENTO (1)

De conformidad con lo dispuesto en el artículo [ESPECIFICAR_249.2/250.2_LEC], corresponde dar a la presente demanda la tramitación prevista para el juicio [ESPECIFICAR_VERBAL/ORDINARIO], regulado en [ESPECIFICAR], siendo así mismo de aplicación las disposiciones comunes a los procesos declarativos previstas en el título I de dicho libro (artículos 248 y siguientes).

IV.- CAPACIDAD Y LEGITIMACIÓN

Ambas partes se encuentran capacitadas y legitimadas activamente la demandante y pasivamente la demandada a tenor de lo dispuesto en los artículos 6, 7 y 10 de la LEC.

V.- POSTULACIÓN Y DEFENSA

Se cumplen con las normas procesales de postulación conforme a lo dispuesto en los artículos 23 y 31 de la Ley Procesal Civil.

VI.- CUANTÍA

Por exigirlo el apartado 1.º del artículo 253 de la LEC, manifestamos que la cuantía de esta demanda, calculada con arreglo a la regla 1.ª del artículo 251 del mismo cuerpo legal, asciende a [CANTIDAD_EN_LETRA] euros ([CANTIDAD] euros).

VII.- MASC

Según lo establecido en el **art. 5 de la LO 1/2025, de 2 de enero**, las partes han acudido a [DESCRIPCIÓN PROCESO MASC] en los términos siguientes [ESPECIFI-CAR]. **(5)**

A estos efectos adjuntamos los siguientes documentos: **(6)**

- **Documento n.º** [NÚMERO].
- **Documento n.º** [NÚMERO].

VIII.- FONDO DEL ASUNTO

Resulta de aplicación el **artículo 45 del Real Decreto-Ley 19/2018, de 23 de noviembre, de servicios de pago y otras medidas urgentes en materia financiera**, relativo a la responsabilidad del proveedor de servicios de pago en caso de operaciones de pago no autorizadas.

> «1. Sin perjuicio del artículo 43 de este real decreto-ley, **en caso de que se ejecute una operación de pago no autorizada, el proveedor de servicios de pago del ordenante devolverá a éste el importe de la operación no autorizada de inmediato** y, en cualquier caso, a más tardar al final del día hábil siguiente a aquel en el que haya observado o se le haya notificado la operación, salvo cuando el proveedor de servicios de pago del ordenante tenga motivos razonables para sospechar la existencia de fraude y comunique dichos motivos por escrito al Banco de España, en la forma y con el contenido y plazos que éste determine. En su caso, el proveedor de servicios de pago del ordenante restituirá la cuenta de pago en la cual se haya efectuado el adeudo al estado en el que se habría encontrado de no haberse efectuado la operación no autorizada.
>
> La fecha de valor del abono en la cuenta de pago del ordenante no será posterior a la fecha de adeudo del importe devuelto.
>
> 2. Cuando la operación de pago se inicie a través de un proveedor de servicios de iniciación de pagos, el proveedor de servicios de pago gestor de cuenta devolverá inmediatamente y, en cualquier caso, a más tardar al final del día hábil siguiente, el importe de la operación de pago no autorizada y, en su caso, restituirá la cuenta de pago en la cual se haya efectuado el adeudo al estado en el que se habría encontrado de no haberse efectuado la operación no autorizada.
>
> Si el responsable de la operación de pago no autorizada es el proveedor de servicios de iniciación de pagos, deberá resarcir de inmediato al proveedor de servicios de pago gestor de cuenta, a petición de este, por las pérdidas sufridas o las sumas abonadas para efectuar la devolución al ordenante, incluido el importe de la operación de pago no autorizada. De conformidad con el artículo 44.1, corresponderá al proveedor de servicios de iniciación de pagos demostrar que, dentro de su ámbito de competencia, la operación de pago fue autenticada y registrada con exactitud y no se vio afectada por un fallo técnico u otras deficiencias vinculadas al servicio de pago del que es responsable.
>
> 3. Podrán determinarse otras indemnizaciones económicas de conformidad con la normativa aplicable al contrato celebrado entre el ordenante y el proveedor de servicios de pago o el contrato celebrado entre el ordenante y el proveedor de servicios de iniciación de pagos, en su caso».

El **art. 46 del Real Decreto-Ley 19/2018, de 23 de noviembre, de servicios de pago y otras medidas urgentes en materia financiera**:

> «1. No obstante lo dispuesto en el artículo 45, el ordenante podrá quedar obligado a soportar, hasta un máximo de 50 euros, las pérdidas derivadas de

operaciones de pago no autorizadas resultantes de la utilización de un instrumento de pago extraviado, sustraído o apropiado indebidamente por un tercero, salvo que:

a) al ordenante no le resultara posible detectar la pérdida, la sustracción o la apropiación indebida de un instrumento de pago antes de un pago, salvo cuando el propio ordenante haya actuado fraudulentamente, o

b) la pérdida se debiera a la acción o inacción de empleados o de cualquier agente, sucursal o entidad de un proveedor de servicios de pago al que se hayan externalizado actividades.

El ordenante soportará todas las pérdidas derivadas de operaciones de pago no autorizadas si el ordenante ha incurrido en tales pérdidas por haber actuado de manera fraudulenta o por haber incumplido, deliberadamente o por negligencia grave, una o varias de las obligaciones que establece el artículo 41. En esos casos, no será de aplicación el importe máximo contemplado en el párrafo primero.

En todo caso, el ordenante quedará exento de toda responsabilidad en caso de sustracción, extravío o apropiación indebida de un instrumento de pago cuando las operaciones se hayan efectuado de forma no presencial utilizando únicamente los datos de pago impresos en el propio instrumento, siempre que no se haya producido fraude o negligencia grave por su parte en el cumplimiento de sus obligaciones de custodia del instrumento de pago y las credenciales de seguridad y haya notificado dicha circunstancia sin demora.

2. Si el proveedor de servicios de pago del ordenante no exige autenticación reforzada de cliente, el ordenante solo soportará las posibles consecuencias económicas en caso de haber actuado de forma fraudulenta. En el supuesto de que el beneficiario o el proveedor de servicios de pago del beneficiario no acepten la autenticación reforzada del cliente, deberán reembolsar el importe del perjuicio financiero causado al proveedor de servicios de pago del ordenante.

3. Salvo en caso de actuación fraudulenta, el ordenante no soportará consecuencia económica alguna por la utilización, con posterioridad a la notificación a que se refiere el artículo 41.b), de un instrumento de pago extraviado o sustraído.

4. Si el proveedor de servicios de pago no tiene disponibles medios adecuados para que pueda notificarse en todo momento el extravío o la sustracción de un instrumento de pago, según lo dispuesto en el artículo 42.1.c), el ordenante no será responsable de las consecuencias económicas que se deriven de la utilización de dicho instrumento de pago, salvo en caso de que haya actuado de manera fraudulenta».

Sobre el *phishing* y la responsabilidad de las entidades bancarias podemos traer a colación las siguientes sentencias:

- **Sentencia de la Audiencia Provincial de Cáceres n.º 132/2022, de 16 de febrero, ECLI:ES:APCC:2022:141,** que se refiere a la responsabilidad del banco en los siguientes términos:

«Debe tenerse en cuenta que estos mecanismos de pago, tanto por medio de tarjetas, como a través de la banca a distancia o digital, no solo los articula la entidad financiera a través de las correspondientes aplicaciones y software, sino que potencia su utilización por sus clientes y usuarios bancarios, por lo que tiene -y debe- implementar todas las medidas de seguridad necesaria para evitar fraudes, incluida la suplantación de identidad; y, si el fraude es externo, es decir, a través de estafas informáticas (o "phishing"), lo único que puede exigirse al usuario es que el dispositivo que utilice para la realización de este tipo de operaciones tenga un mantenimiento de seguridad que, en principio, pudiera evitarlo, exigencia que, en el supuesto que examinamos, ha verificado el demandante quien goza -no debe olvidarse- de la condición de "consumidor" y, en consecuencia, de una protección reforzada».

- **Sentencia de la Audiencia Provincial de Valencia n.º 254/2022, de 13 de junio, ECLI:ES:APV:2022:2622:**

  «Y es lo que entendemos que no concurre en el presente caso, pues tal y como razonó la sentencia, ni puede entenderse que la falta de diligencia fuera 'grave' por parte de demandante y de su hija, sino que el recurso orilla las manifestaciones de la sentencia en cuanto que refieren a las actuaciones llevadas a efecto por la autorizada en la cuenta de la actora, comunicando con la entidad bancaria el 27 de abril de 2020, y que no fue activado el protocolo antifraude, ni tampoco bloquearon la cuenta antes de que se efectuaran indebidamente los cargos del día 28, que ahora se reclaman, y que no deben imputarse a la hija de la demandante, ni a esta al no haberse acreditado que recibiera el SMS de confirmación del pago en su teléfono y que lo efectuara ninguna de ellas.

  CUARTO.-Esta última interpretación nos parece más acorde con la protección debida al usuario de los servicios bancarios, y a las obligaciones propias de las **entidades que ofrecen los servicios telemáticos, que son conocedoras de las crecientes actuaciones ilícitas o estafas que proliferan aprovechando las nuevas tecnologías,** y que desarrollan mecanismos técnicos con el fin de ofrecer un sistema lo más seguro posible para el usuario, como parte igualmente de su oferta de servicios. Y en el caso concreto que se nos somete, la tardanza en bloquear la cuenta, o establecer medidas adicionales de protección por la entidad demandada, atendido que no existió retraso por la cliente en comunicar la sospecha en relación a la cuenta, que habría posibilitado intentar retrotraer los pagos efectuados pues se hizo con anterioridad al plazo de un día hábil según el art. 55 del RD 19/2018 de 23 de noviembre, entendemos que ello, que se refiere a una posibilidad de un mecanismo de retrocesión, lo que por otra parte no impide la reclamación efectuada, pues el art. 43 del Real Decreto-Ley indica en su art. 43, en orden a la notificación de operaciones de pago no autorizados o ejecutadas incorrectamente, contempla en el párrafo primero, que el **usuario de servicios de pago obtendrá la rectificación por parte del proveedor de servicios de pago de una operación no autorizada, o ejecutada incorrectamente, únicamente si el usuario de servicios de pago se lo comunica sin demora injustificada,** o en cuanto tenga conocimiento de cualquiera de dichas operaciones que sea objeto de reclamación, incluso de las cubiertas por el art. 60, y, en todo caso, dentro de un plazo máximo de trece meses contados desde la fecha del adeudo».

- **Sentencia de la Audiencia Provincial de Madrid n.º 184/2022, de 20 de mayo, ECLI: ES:APM:2022:7327:**

  «(...) **no cabe apreciar en el demandante un comportamiento negligente de la gravedad y entidad para con base en el mismo hacerle responsable,** ni siquiera de la primera disposición de efectivo realizada con la tarjeta usada de manera fraudulenta por un tercero. Como se indica en la Directiva 2015/2036 **la negligencia que le hace responder al cliente, es la que se deriva de una conducta caracterizada por un grado significativo de falta de diligencia,** lo que supone que la misma surge o se produce por iniciativa del usuario, no **como consecuencia del engaño al que ha sido inducido por un delincuente profesional.** Tampoco puede calificarse como grave dicho comportamiento conforme a la normativa del código civil, pues siendo exigible al demandante la diligencia que exija la naturaleza de la obligación y correspondan a las circunstancias de las personas, tiempo y lugar (art. 1.104 del cc), el método fraudulento empleado - *phishing*- es de una complejidad y grado de perfección, difícilmente detectable por un cliente de las características del demandante, sin que la forma en que se denominaba al Banco en el SMS recibido o el error gramatical al emplear la palabro 'lo' en lugar de 'le', sean errores de entidad suficiente para detectar con base en ellos el fraude de que estaba siendo objeto. En esas circunstancias, era preciso ser un experto en la materia para poder detectar que la comunicación obedecía a una estafa o fraude. Es cierto que dicho comportamiento no puede considerarse diligente, pero para hacer soportar al cliente las consecuencias, aún parciales como se concluye en la sentencia apelada, es preciso apreciar en él una negligencia y que además sea grave, que en la normativa europea antes referida se equipara a la comisión de un fraude, actuación en la que no se ha acreditado incurriese el demandante, por el hecho de haber pinchado el link que se le ofrecía y facilitar los datos y clave de la tarjeta

CUARTO.- Por el contrario, la responsabilidad exigida a la entidad demandada, como proveedora del servicio, es la que se deriva de la naturaleza de tal prestación y de la posición contractual en la que se encuentran las partes, lo que le obliga a **adoptar una serie de medidas de seguridad y dotarse de mecanismos de supervisión que permitieran detectar operaciones fraudulentas en la prestación de servicios de pago**, tal como señala el artículo 2 del Reglamento Delegado 2018/389, pues como se indica también en la sentencia citada de la Audiencia de Pontevedra, incluyendo la técnica del *phishing*, la creación y puesta en la red de páginas que clonan las del sitio oficial de las entidades emisoras de instrumentos de pago, el deber de diligencia de la entidad demandada exigía dotarse de la tecnología anti*phishing* precisa para detectar las páginas clonadas de las oficiales propias y cerrarlas o eliminarlas, lo que, de producirse, impediría que el defraudador pudiera hacerse con las credenciales del usuario del instrumento de pago por ella emitido, pues la rotura del enlace del correo electrónico haría ya ineficaz cualquier conducta que frente al mismo pudiera observar el usuario receptor. Dicha actuación diligente no puede considerarse acreditada por las información que se facilita a los clientes a través de su página web, en cuanto **la efectividad de esas obligaciones preventivas, lo que requerían era implementar en el sistema informático el mecanismo tecnológico adecuado para evitarlo; es decir mediante una con una conducta activa y no simplemente informativa o divulgativa**».

- **Sentencia de la Audiencia Provincial de Pontevedra n.º 539/2021, de 21 de diciembre, ECLI:ES:APPO:2021:3078:**

«28. El *phishing* aparece configurado, en el caso, por dos elementos; a) Envío de un correo electrónico con la apariencia de ser remitido por una entidad con la que el receptor puede tener alguna relación de servicios; b) El correo contiene un enlace a una página que aparenta ser del sitio oficial de la entidad emisora de la tarjeta pero que en realidad pertenece a un dominio bajo el control del phisher.

29. El deber de diligencia de la demandada para asegurar la correcta autenticación de las operaciones de pago exigía de dotarse de mecanismos de supervisión que permitieran detectar operaciones de fraudulentas a cuyo efecto habría de considerar los supuestos del fraude conocidos en la prestación de servicios de pago(artículo 2 del Reglamento Delegado 2018/389). Es por ello que conocido que la técnica del *phishing* incluye, a menudo, la creación y puesta en la red de páginas que clonan las del sitio oficial de las entidades emisoras de instrumentos de pago, **el deber de diligencia de la entidad deman-**

dada exigía dotarse de la tecnología antiphishing precisa para detectar las páginas clonadas de las oficiales propias y cerrarlas o eliminarlas, lo que, de producirse, impediría que el defraudador pudiera hacerse con las credenciales del usuario del instrumento de pago por ella emitido, pues la rotura del enlace del correo electrónico haría ya ineficaz cualquier conducta que frente al mismo pudiera observar el usuario receptor.

(...)

33. De lo expuesto se concluye que la entidad demandada no habría acreditado la observancia de los deberes de diligencia que le eran exigibles en la autenticación de las operaciones de pago, pues ni habría probado haber implementado un mecanismo antiphising de protección de los usuarios de los instrumentos de pago por ella emitidos frente al uso fraudulento por un tercero de páginas imitativas de las propias para hacerse con las credenciales del instrumento, ni habría puesto en conocimiento del usuario los datos necesarios para que este conociera que se trataba de instalar su tarjeta en una aplicación de pago de un terminal de un tercero. Se concluye, también, que no cabría observar negligencia grave de la demandante de los deberes de conducta al usar del instrumento de pago y al introducir las credenciales de uso personal en una página que imitaba las del sitio oficial de la entidad emisora de su tarjeta. Habrá de ser, en consecuencia, la entidad demandada como proveedora de los servicios de pago usados de manera fraudulenta por un tercero logrando con ello acceder a la cuenta bancaria de la demandante quien haya de responder las pérdidas sufridas por esta con tales operaciones».

IX.- COSTAS

De conformidad con el artículo 394 de la Ley de Enjuiciamiento Civil **(7)**, las costas deberán ser impuestas a la parte demandada.

X.- *IURA NOVIT CURIA*

Invoca esta parte el principio iura novit curia y cuantos otros principios sean de aplicación al presente supuesto.

Por lo expuesto,

SUPLICO AL JUZGADO/A LA SECCIÓN:

Que tenga por presentado este escrito, con sus copias y documentos que lo acompañan, se sirva admitirlo, me tenga por personado/a y parte en la representación acreditada y por formulada la **DEMANDA DE JUICIO** [ESPECIFICAR] **(1) EN EJERCICIO DE LA ACCIÓN DECLARATIVA DE LA RESPONSABILIDAD CIVIL Y RECLAMACIÓN DE DAÑOS Y PERJUICIOS** contra la entidad bancaria [PARTE_CONTRARIA] para que, en su día, tras los trámites legales oportunos dicte sentencia en la que se declare la responsabilidad civil de [PARTE_CONTRARIA] y se le condene al pago de [CANTIDAD LETRA] euros ([CANTIDAD] euros) en concepto de indemnización por los daños y perjuicios sufridos por mi mandante, con expresa imposición de costas a la parte demandada.

Con todo lo demás que sea procedente en derecho.

Por ser justicia en [LUGAR], a [FECHA].

<table>
<tr><td>Letrado D./D.ª</td><td>Procurador D./D.ª</td></tr>
<tr><td>[NOMBRE Y FIRMA LETRADO
NUMEROCOLEGIADO_
ABOGADO_CLIENTE]</td><td>[NOMBRE Y FIRMA PROCURADOR
NUMERO COLEGIADO_
PROCURADOR_CLIENTE]</td></tr>
</table>

PRIMER OTROSÍ DIGO: siendo intención de esta parte cumplir con todos los requisitos legales, a tenor de lo previsto en el artículo 231 de la Ley de Enjuiciamiento Civil, se solicita se le diere traslado de cualquier defecto que adoleciere la presente demanda, para la inmediata subsanación de la misma.

SUPLICO AL JUZGADO/A LA SECCIÓN:

Que tenga por efectuada la anterior manifestación a los efectos oportunos.

Por ser justicia fecha y lugar *ut supra*.

<table>
<tr><td>Letrado D./D.ª</td><td>Procurador D./D.ª</td></tr>
<tr><td>[NOMBRE Y FIRMA LETRADO NUMEROCOLEGIADO_ ABOGADO_CLIENTE]</td><td>[NOMBRE Y FIRMA PROCURADOR NUMERO COLEGIADO_ PROCURADOR_CLIENTE]</td></tr>
</table>

---

(1) Verbal/Ordinario en función de la cuantía. El juicio ordinario, de conformidad con lo dispuesto en el art. 249.2 de la LEC será de aplicación cuando la cuantía exceda de quince mil euros y aparece reglado en el título II del libro II de la ley, artículos 399 y siguientes. El RD-ley 6/2023, de 19 de diciembre, modifica el artículo 249 de la LEC con entrada en vigor el 20/03/2024.
El juicio verbal, tal y como se establece en el art. 250.2 se aplicará cuando la cuantía no exceda de quince mil euros. El mismo aparece regulado en el titulo III, del libro II, artículos 437 y siguientes. El RD-ley 6/2023, de 19 de diciembre, modifica el artículo 250 de la LEC con entrada en vigor el 20/03/2024.

(2) Debe especificarse en que consistió la estafa. Por ejemplo: recibir un correo electrónico pretendidamente enviado por la entidad bancaria, en el que se le daban instrucciones para reactivar la operatividad de su tarjeta que, según se le indicaba, estaba bloqueada; sin embargo, el remitente era en realidad un suplantador que, con este pretexto, pretendía -y finalmente consiguió- sus claves de acceso, con las que efectuó una compra inconsentida.

(3) Por la reforma realizada por la **LO 1/2025, de 2 de enero**, una vez implantados de forma efectiva los tribunales de instancia (D.T. 1.ª), todas las referencias realizadas a los juzgados unipersonales se entenderán realizadas a las secciones del orden jurisdiccional correspondiente de los tribunales de instancia.

(4) El art. 85 de la LOPJ ha sido modificado por la **LO 1/2025, de 2 de enero**, con efectos desde el 23 de enero de 2025.

(5) De acuerdo con el segundo párrafo del art. 399.3 de la LEC se hará constar en la demanda la descripción del proceso de negociación previo llevado a cabo o la imposibilidad del mismo, conforme a lo establecido en el ordinal 4.º del artículo 264, y se manifestarán, en su caso, los documentos que justifiquen que se ha acudido a un medio adecuado de solución de controversias, salvo en los supuestos exceptuados en la Ley de este requisito de procedibilidad.

(6) Documentos que acrediten haberse intentado la actividad negociadora previa a la vía judicial cuando la ley exija dicho intento como requisito de procedibilidad, o declaración responsable de la parte de la imposibilidad de llevar a cabo la actividad negociadora previa a la vía judicial por desconocer el domicilio de la parte demandada o el medio por el que puede ser requerido.

(7) El artículo 394 de la LEC ha sido modificado por la **LO 1/2025, de 2 de enero**, con efectos desde el 3 de abril de 2025.

Denuncia por delito de estafa informática.
Art. 249.1.a) del Código Penal

AL JUZGADO DE INSTRUCCIÓN DE [LOCALIDAD]**/ A LA SECCIÓN DE INSTRUCCIÓN DEL TRIBUNAL DE INSTANCIA DE** [LOCALIDAD] **(1)**

D./D.ª [NOMBRE_PROCURADOR], procurador/a de los tribunales en nombre y representación de D./D.ª [NOMBRE_CLIENTE_DTE], provisto de DNI número [NIF_CIF_DNI_CLIENTE], y domicilio en [LUGAR_NUMERO_PROVINCIA], bajo la dirección letrada de D./D.ª [NOMBRE_ABOGADO] colegiado/a n.º [NUMERO_COLEGIADO] del ICA de [LUGAR], ante el juzgado/la sección comparezco y como mejor proceda en derecho,

DIGO

Por medio del presente escrito y de conformidad con los artículos 259 y siguientes de la Ley de Enjuiciamiento Criminal, vengo a formular **DENUNCIA** por un presunto delito de **ESTAFA INFORMÁTICA**, tipificado y penado **en el artículo 249.1.a) del Código Penal, contra D./D.ª** [NOMBRE_PARTE_CONTRARIA], con DNI [NIF_CIF_DNI_CLIENTE_DTE], y domicilio en [DOMICILIO], todo ello sin perjuicio de las acciones civiles y penales que pueda dirigir contra cualquier otra persona cuya intervención se demuestre en los hechos tras la investigación, y en base a los siguientes,

HECHOS

PRIMERO.- En fecha [ESPECIFICAR] mi representado/a recibió un mensaje [ESPECIFICAR] en el que se le indicaba que para resolver la incidencia debía acceder al enlace que le acompañaba. Dicho enlace le redireccionó a una página web, réplica de la original y en la que se les requería, con el aviso amenazante de perder el depósito y la disponibilidad de las tarjetas de crédito, a que entregasen sus claves personales de acceso con el fin de verificar su operatividad.

SEGUNDO.- El día [FECHA] comprueba que en su cuenta se han realizado una serie de transferencias que mi cliente no había autorizado que ascienden a un total de [CUANTÍA] euros. Los movimientos que se realizaron fueron los siguientes [ESPECIFICAR].

TERCERO.- Según se ha podido averiguar esas transferencias se realizaron a la cuenta de la cual es titular D./D.ª [NOMBRE_PARTE_CONTRARIA]. Así mismo, dada la ejecución de los hechos, se entiende que han debido tener participación más personas que será necesario determinar mediante la investigación adecuada.

A los anteriores hechos le son de aplicación los siguientes,

FUNDAMENTOS DE DERECHO

PRIMERO.- JURISDICCIÓN Y COMPETENCIA

Le corresponde conocer del asunto al tribunal al que me dirijo conforme al arts. 14 y 14 bis de la LECrim y el principio de la ubicuidad establecida por el Tribunal Supremo en el pleno no jurisdiccional 3 de febrero de 2005 en el que determinó «el delito se comete en todas las jurisdicciones en las que se haya realizado algún elemento del tipo. En consecuencia, el juez de cualquiera de ellas que primero haya iniciado las actuaciones procesales será en principio competente para la instrucción de la causa».

SEGUNDO.- CAPACIDAD Y LEGITIMACIÓN

Esta parte se encuentra legitimada para interponer la presente denuncia conforme a los artículos 101 y 259 de la LECrim.

TERCERO.- POSTULACIÓN

Esta parte actúa representada por procurador/a y asistida de abogado/a.

CUARTO.- FONDO DEL ASUNTO

El hecho descrito posee los caracteres de delito de estafa informática descrito en el art. 249.1.a) del CP: «a) Los que, con ánimo de lucro, obstaculizando o interfiriendo indebidamente en el funcionamiento de un sistema de información o introduciendo, alterando, borrando, transmitiendo o suprimiendo indebidamente datos informáticos o valiéndose de cualquier otra manipulación informática o artificio semejante, consignan una transferencia no consentida de cualquier activo patrimonial en perjuicio de otro».

Se considera por la jurisprudencia que en este tipo de estafa no es necesario acreditar que el engaño haya sido suficiente por cuanto se entiende que los métodos empleados hacen prueba suficiente del mismo. Esta naturaleza especial la ha reconocido el Tribunal Supremo en su **sentencia n.º 49/2020, de 12 de febrero, ECLI:ES:TS:2020:332**:

> «El conocido como fraude informático está previsto como una modalidad de estafa con configuración propia, que no responde a la estructura tradicional aquella. Es un tipo a través del que se pretende proteger el patrimonio de los ataques que propician las nuevas tecnologías y cuyo eje lo constituye lo que el Código describe como "manipulación informática o artificio semejante". Son éstos los que han de ser idóneos para conseguir esa transferencia inconsentida de un activo patrimonial, que integra el acto de disposición que provoca el enriquecimiento que el autor persigue. A diferencia de lo que ocurre respecto a la estafa prevista en el nº 1 del artículo 248 del CP, el engaño ya no es un elemento básico ni es de imprescindible presencia. Se ha visto sustituido en esa función por los artificios prohibidos. En palabras de la STS 533/2007 de 12 de junio, no es precisa la concurrencia de engaño alguno por el estafador, porque el acecho a patrimonios ajenos realizados mediante manipulaciones informáticas actúa con automatismo en perjuicio de tercero, precisamente porque existe la manipulación informática y por ello no se exige el engaño personal.
>
> En este caso hubo engaño personal para conseguir las llaves que permitieron al acusado el acceso a las claves informáticas. Estas operaron como artilugio idóneo para conseguir el desplazamiento del dinero depositado en la cuenta de la víctima a otra titularidad del acusado, es decir, las que le facultaron a transferir el dinero inconsentidamente, como exige el tipo».

En cuanto a la participación de D./D.ª [NOMBRE_PARTE_CONTRARIA], debemos entender que el mismo ha actuado como «mulero» por lo que debe entenderse como un cooperador necesario del delito conforme al art. 28.b) del CP que señala que también serán considerados como autores «Los que cooperan a su ejecución con un acto sin el cual no se habría efectuado». El Tribunal Supremo ha determinado esta consideración en su **sentencia n.º 51/2020, de 17 de febrero, ECLI:ES:TS:2020:2017**:

> «En un caso similar al presente, la sentencia del Tribunal Supremo de fecha 12 de junio de 2.007, partiendo del hecho probado de que los acusados

tuvieron un conocimiento puntual del dinero que pasaba por sus cuentas y del que disponían íntegramente, bien fuese para ellos mismos, bien para entregar a un tercero, consideró que los hechos merecían la calificación como delito de estafa, señalando que "... Se está ante un caso de delincuencia económica de tipo informático de naturaleza internacional en el que los recurrentes ocupan un nivel inferior y sólo tienen un conocimiento necesario para prestar su colaboración, la ignorancia del resto del operativo no borra ni disminuye su culpabilidad porque fueron conscientes de la antijuridicidad de su conducta, prestando su conformidad con un evidente ánimo de enriquecimiento, ya supieran, no quisieran saber —ignorancia deliberada—, o les fuera indiferente el origen del dinero que en cantidad tan relevante recibieron. Lo relevante es que se beneficiaron con todo, o, más probablemente, en parte como 'pago' de sus servicios, es obvio que prestaron su colaboración eficiente y causalmente relevante en una actividad antijurídica con pleno conocimiento y cobrando por ello no pueden ignorar indefensión alguna".

En consecuencia, la participación del acusado ha de ser comprendida en el art. 28 b del Código Penal al tratarse de una cooperación necesaria, la recepción de dinero procedente de una cuenta extraña y su transmisión a una persona, también extraña (STS 28 de mayo de 2010)».

Citando a la anterior, añade la **SAP de Madrid n.º 264/2025, de 21 de mayo, ECLI:ES:APM:2025:6723**:

«(...) cuando los denominados "muleros" se benefician con todo o parte del fraude, como "pago" de sus servicios, es obvio que prestan su colaboración eficiente y causalmente relevante en una actividad antijurídica, con pleno conocimiento y cobrando por ello, por lo que su intervención puede considerarse como una cooperación necesaria (...)»

Por todo lo expuesto,

SUPLICO AL JUZGADO/A LA SECCIÓN:

Que teniendo por presentado este escrito con sus copias y documentos que lo acompañan, se sirva admitir la presente **DENUNCIA** y acordar la tramitación de la misma con la mayor urgencia, así como investigar los hechos denunciados con el fin de esclarecer la eventual responsabilidad penal que pueda derivarse de los mismos.

Es justicia que pido, en [LUGAR], a [DIA] de [MES] de [AÑO].

Letrado D./D.ª

[NOMBRE Y FIRMA LETRADO
NUMEROCOLEGIADO_
ABOGADO_CLIENTE]

Procurador D./D.ª

[NOMBRE Y FIRMA PROCURADOR
NUMERO COLEGIADO_
PROCURADOR_CLIENTE]

---

(1) Por la reforma realizada por la **LO 1/2025, de 2 de enero**, una vez implantados de forma efectiva los tribunales de instancia (D.T. 1.ª), todas las referencias realizadas a los juzgados unipersonales se entenderán realizadas a las secciones del orden jurisdiccional correspondiente de los tribunales de instancia.

Contestación por parte de entidad de crédito a la demanda por *phishing* bancario

Procedimiento: [NUMERO]/[AÑO]

NIG: [NÚMERO]

AL JUZGADO DE PRIMERA INSTANCIA N.º [NÚMERO] DE [LUGAR]/SECCIÓN DE LO CIVIL DEL TRIBUNAL DE INSTANCIA DE [ESPECIFICAR] (1)

Don/Doña [NOMBRE_PROCURADOR/A_CLIENTE], procurador/a de los tribunales, en nombre y representación de [NOMBRE_ENTIDAD], según acredito mediante poder general para pleitos, que se acompaña como **documento n.º** [NÚMERO], bajo la dirección letrada de [NOMBRE_ABOGADO/A_CLIENTE] con número de colegiado/a [NÚMERO/A_COLEGIADO/A_ABOGADO/A_CLIENTE], ante este juzgado/sección comparezco y, como mejor proceda en derecho,

DIGO

Por medio del presente escrito, y dentro del plazo concedido al efecto, vengo a formular **CONTESTACIÓN A LA DEMANDA DE JUICIO DECLARATIVO DE LA RESPONSABILIDAD CIVIL Y RECLAMACIÓN DE DAÑOS Y PERJUICIOS** formulada contra mi representado de conformidad con los siguientes,

HECHOS

PREVIO.- Se impugnan la totalidad de los expuestos en la demanda rectora a excepción de los que expresamente se acepten en la presente.

PRIMERO.- Conforme con la afirmación de que mi mandante y el/la demandante tienen una relación contractual derivada del contrato [ESPECIFICAR].

SEGUNDO.- Disconformes con el correlativo. **(2)**

Pretende la parte actora imputar a mi representado/a una responsabilidad que no le corresponde. El incumplimiento contractual se produjo de adverso, al no haber alertado a mi mandante cuando se efectuó el primer pago, del cual recibió un aviso vía SMS al teléfono adherido a la cuenta, lo que hubiese permitido bloquearla y evitar los movimientos posteriores.

TERCERO.- Disconformes con el correlativo.

La/El demandante ha sido quien ha incumplido los deberes de custodia de sus claves personales y secretas y, además, en el ejercicio y uso de dichas claves, ha actuado de manera negligente facilitando de esta manera que se consume el daño.

Además, no podemos obviar que, de una mera lectura del correo electrónico recibido, se desprende que el mismo no es de la entidad de mi mandante, no solo por las faltas de ortografía y los errores gramaticales, sino también por el remitente desconocido, y porque por parte de la entidad se ha informado en numerosas ocasiones de que nunca se piden datos personales ni claves por estos medios.

Por el contrario, mi mandante ha cumplido con todas las obligaciones que vienen impuestas tanto en el contrato, como también en la legislación vigente.

Las operaciones fueron registradas y contabilizadas de manera correcta, tal y como se evidencia con el certificado emitido por la entidad REDSYS verificadora de dicha operativa, que se acompaña como **documento n.º** [NÚMERO].

CUARTO.- Disconformes con el correlativo.

A la vista de cuanto se acaba de exponer, esta parte no está conforme con los daños y perjuicios solicitados de adverso.

A los anteriores hechos le resultan de aplicación los siguientes,

FUNDAMENTOS DE DERECHO

I.- CONFORMES CON LOS CORRELATIVOS EN CUANTO A COMPETENCIA, LEGITIMACIÓN Y PROCEDIMIENTO.

II.- FONDO DEL ASUNTO.

El propio Real Decreto-Ley 19/2018, de 23 de noviembre, de servicios de pago y otras medidas urgentes en materia financiera establece los requisitos que deben operar en este tipo de supuestos para que la entidad bancaria sea responsable de operaciones fraudulentas como las descritas en la demanda rectora de autos. En este sentido, la/el demandante achaca una presunta falta de diligencia a mi mandante, pero evita pronunciarse sobre el contenido del correo electrónico recibido por la parte actora.

Además, si se parte de una premisa de un supuesto incumplimiento contractual, debe analizarse el contrato celebrado entre las partes, aportado como **documento n.º** [NÚMERO] de la demanda, y que detalla el supuesto acontecido, siendo una evidencia que quien en sede de demanda pretende imputar un incumplimiento, es responsable de un incumplimiento previo.

Resulta de aplicación el art. 41 del Real Decreto-Ley 19/2018, de 23 de noviembre:

> «Artículo 41. Obligaciones del usuario de servicios de pago en relación con los instrumentos de pago y las credenciales de seguridad personalizadas.
> El usuario de servicios de pago habilitado para utilizar un instrumento de pago:
> a) utilizará el instrumento de pago de conformidad con las condiciones que regulen la emisión y utilización del instrumento de pago que deberán ser objetivas, no discriminatorias y proporcionadas y, en particular, en cuanto reciba un instrumento de pago, tomará todas las medidas razonables a fin de proteger sus credenciales de seguridad personalizadas;
> b) en caso de extravío, sustracción o apropiación indebida del instrumento de pago o de su utilización no autorizada, lo notificará al proveedor de servicios de pago o a la entidad que este designe, sin demora indebida en cuanto tenga conocimiento de ello».

Por lo tanto, esta parte entiende que debe valorarse el correo electrónico que recibió la/el demandante y que, a la postre, fue el causante de todos los perjuicios reclamados. Partiendo de la base de que mi mandante jamás solicita claves, ni remite correos similares a sus clientes, con una mera lectura sin apenas atención, se evidencia que el correo ni se asemeja a ningún tipo de comunicación de la entidad demandada.

Si la demandante hubiera llevado a cabo una diligencia media en la custodia de sus claves personales e intransferibles, jamás se hubiera producido la operativa descrita. Sobre este extremo, debemos remitirnos al artículo 46 del Real Decreto-Ley 19/2018, de 23 de noviembre:

> «Artículo 46. Responsabilidad del ordenante en caso de operaciones de pago no autorizadas.
>
> 1. No obstante lo dispuesto en el artículo 45, el ordenante podrá quedar obligado a soportar, hasta un máximo de 50 euros, las pérdidas derivadas de operaciones de pago no autorizadas resultantes de la utilización de un instrumento de pago extraviado, sustraído o apropiado indebidamente por un tercero, salvo que:
>
> a) al ordenante no le resultara posible detectar la pérdida, la sustracción o la apropiación indebida de un instrumento de pago antes de un pago, salvo cuando el propio ordenante haya actuado fraudulentamente, o
>
> b) la pérdida se debiera a la acción o inacción de empleados o de cualquier agente, sucursal o entidad de un proveedor de servicios de pago al que se hayan externalizado actividades.
>
> **El ordenante soportará todas las pérdidas derivadas de operaciones de pago no autorizadas si el ordenante ha incurrido en tales pérdidas por haber actuado de manera fraudulenta o por haber incumplido, deliberadamente o por negligencia grave**, una o varias de las obligaciones que establece el artículo 41. En esos casos, no será de aplicación el importe máximo contemplado en el párrafo primero (...)».

Cabe citar aquí la **sentencia de la Audiencia Provincial de Zaragoza n.º 179/2021, de 27 de mayo, ECLI:ES:APZ:2021:1235**, que establece que:

> «CUARTO.- Los conflictos que se producen en estas operativas, la consumación de una operación realmente no autorizada por el usuario deben terminar resolviéndose realizando un juicio de ponderación de las circunstancias del caso, pues si bien, como se ha detallado, existe un deber de resultado a cargo del prestador del servicio de pago, por el contrario **queda el mismo exonerado de toda responsabilidad si el cliente incurrió en una negligencia grave**. Este será un extremo sobre el que pivotará en gran medida el recurso del usuario, el que resaltará que en la instancia se ha tildado de imprudente la actuación del mismo (o de quien estaba en su esfera de control).
>
> QUINTO.- Pues bien las circunstancias del caso han sido adecuadamente ponderadas en la instancia.
>
> Aunque resultan algunas incertidumbres que el perito judicial detalló, es lo cierto y seguro que **facilitar todos los datos que permitían la verificación y claves de la cuenta al defraudador, aunque fuera mediante la simulación que realizó el tercero, fue un comportamiento descuidado** que causalmente fue determinante que los defraudadores pudieran acceder a mecanismos de suplantación, ahora de la identidad del usuario titular y ordenante, y hacer efectiva la orden de pago.
>
> En esos términos, por más que al prestador del servicio se le haga responsable casi de una obligación de resultado, la distribución del riesgo del fraude no se puede hacer recaer sobre el mismo».

También la **Audiencia Provincial de Ceuta en su sentencia n.º 52/2022, de 22 de septiembre, ECLI:ES:APCE:2022:134**, se pronuncia en este sentido:

> «De este modo, el Real Decreto-ley 19/18 regula un sistema de responsabilidad cuasi objetiva de la entidad proveedora del servicio, con inversión de la carga probatoria, al presumirse la falta de autorización, si el titular lo nie-

ga, como ocurre en este caso. No obstante, este sistema de responsabilidad civil cesa cuando conforme a lo establecido en el artículo 46.1 **el cliente ha actuado fraudulentamente o con negligencia grave a la hora de aplicar los medios razonables de protección de seguridad personalizados de que haya sido provisto.**

En el documento n° 3 de la demanda, el BBVA informaba al cliente de que las operaciones habían sido autenticadas, registradas con exactitud y contabilidad y que no había sido afectada por ningún fallo técnico o deficiencia del servicio, y si era de su interés podía solicitar la documentación acreditativa de tales extremos.

Teniendo en cuenta que el actor no se pronuncia en ningún momento sobre estos extremos contenido en el documento n° 3, no ha acreditado la forma en la qué un supuestamente un tercero obtuvo su teléfono, el usuario, clave de acceso y clave de confirmación, la conclusión debe ser la estimación del recurso con la consiguiente desestimación de la demanda».

III.- COSTAS.

Se impondrán a la demandante de conformidad con el art. 394 de la LEC. **(3)**

Por lo expuesto,

AL JUZGADO/SECCIÓN SUPLICO:

Que tenga por presentado este escrito con sus documentos, se sirva a admitirlo y en su virtud tenga por presentada CONTESTACIÓN A LA DEMANDA interpuesta por [NOMBRE_PARTE_CONTRARIA] y, previos los trámites legales oportunos, dicte en su día sentencia por la que desestime íntegramente la demanda, con expresa imposición de costas a la parte demandante.

Es Justicia que pido en [LOCALIDAD], a [DÍA] de [MES] de [AÑO].

<table>
<tr><td>Letrado/a D./D.ª</td><td>Procurador/a D./D.ª</td></tr>
<tr><td>[NOMBRE Y FIRMA LETRADO/A NÚMEROCOLEGIADO/A_ ABOGADO/A_CLIENTE]</td><td>[NOMBRE Y FIRMA PROCURADOR/A NÚMERO COLEGIADO/A_ PROCURADOR/A_CLIENTE]</td></tr>
</table>

OTROSÍ DIGO: que, es intención de esta parte cumplir con todos los requisitos legales, a tenor de lo previsto en el artículo 231 de la LEC, y, en consecuencia,

SUPLICO AL JUZGADO/SECCIÓN:

Que nos dé traslado de cualquier defecto de que adoleciere la presente contestación, para su inmediata subsanación.

Por ser de Justicia, fecha y lugar *ut supra*.

<table>
<tr><td>Letrado/a D./D.ª</td><td>Procurador/a D./D.ª</td></tr>
<tr><td>[NOMBRE Y FIRMA LETRADO/A NÚMEROCOLEGIADO/A_ ABOGADO/A_CLIENTE]</td><td>[NOMBRE Y FIRMA PROCURADOR/A NÚMERO COLEGIADO/A_ PROCURADOR/A_CLIENTE]</td></tr>
</table>

---

(1) Por la reforma realizada por la **LO 1/2025, de 2 de enero**, una vez implantados de forma efectiva los tribunales de instancia (D.T. 1.ª), todas las referencias realizadas a los juzgados

unipersonales se entenderán realizadas a las secciones del orden jurisdiccional correspondiente de los tribunales de instancia.

(2) Especificar todos aquellos motivos por los que el demandando/a se opone a la demanda, acompañando toda aquella documentación que pueda servir para acreditar tanto el buen hacer de la entidad bancaria, como la negligencia grave de la parte actora.

(3) El artículo 394 de la LEC ha sido objeto de modificación por la **LO 1/2025, de 2 de enero**, en vigor desde el 03/04/2025.

Recurso de apelación frente sentencia que deniega responsabilidad bancaria (*phishing*)

Procedimiento n.º [ESPECIFICAR]

A LA AUDIENCIA PROVINCIAL DE [LOCALIDAD] **(1)**

D./D.ª [NOMBRE_PROCURADOR/A_CLIENTE], procurador/a de los tribunales y de **D./D.ª** [NOMBRE_CLIENTE], según tengo acreditado en los autos de juicio [ESPECI-FICAR] **(2)** señalados con el número [NUMERO], bajo la dirección letrada de D./D.ª [NOMBRE_ABOGADO_CLIENTE] colegiado/a núm. [NÚMERO] ante la audiencia comparezco y, como mejor proceda en Derecho, **DIGO:**

Que en la representación que ostento y por medio del presente escrito, dentro del plazo que se me ha conferido, interpongo, en tiempo y forma **RECURSO DE APELA-CIÓN** contra la resolución de fecha [FECHA], recaída en las presentes actuaciones y notificada en fecha [FECHA], de conformidad con lo dispuesto en el art. 458 y siguientes de la Ley de Enjuiciamiento Civil (LEC), y ello de conformidad con las siguientes,

ALEGACIONES

PRIMERO.- Con fecha [FECHA] se dictó por el Juzgado de Primera Instancia de [LOCALIDAD] sentencia por la que se absolvía a la entidad [NOMBRE_BANCO] de la responsabilidad por las transferencias realizadas sin autorización de la cuenta mi mandante, cuya cuantía ascendía al total de [CANTIDAD] euros.

SEGUNDO.- Dicha resolución se basaba en que por parte de mi mandante se había producido una negligencia que ocasionó que se facilitara que los responsables hubiesen realizado las disposiciones no autorizadas.

Sin embargo, esta parte entiende que se ha producido un error en la valoración de la prueba, ya que la actuación de mi mandante no puede entenderse como negligencia grave, sino que fue inducido por el engaño de un profesional, no pudiendo interpretar que esto suponga una falta de diligencia por parte del usuario de banca electrónica tal y como ha señalado la **SAP de Pontevedra n.º 623/2022, de 1 de diciembre, ECLI:ES:APPO:2022:2845** que señala:

> «A la hora de estudiar la **concurrencia de negligencia grave del usuario** del servicio de pago on line, partiendo del admitido criterio de responsabilidad cuasi-objetiva de la entidad en la prestación del servicio de banda virtual respecto a operaciones de pago como la transferencia, reiterada jurisprudencia considera que **dicha negligencia debe ser grave en atención a las circunstancias demostradas del caso**, atribuyéndose en todo caso la carga probatoria de la misma al proveedor del servicio con arreglo a art. 217 LEC. En interpretación de directiva 2015/2366, la negligencia que hace responder al cliente es la que se deriva de **una conducta caracterizada por un grado significativo de falta de diligencia**, lo que supone que la misma surge o se produce por iniciativa del usuario, no como consecuencia del engaño al que haya podido ser **inducido por un delincuente profesional**. Como parámetro del actuar negligente también cabrá acudir al art. 1.104 CC, que exige la diligencia asociada

a la naturaleza de la obligación y a las circunstancias personales, de tiempo y lugar. Ello **destacándose la complejidad y grado de perfección que presenta en la actualidad el método de "phishing" de difícil detección por persona de formación media**, así como el deber de la proveedora, del servicio de dotarse de tecnología suficiente y adecuada con exigencia de medidas implantadoras activas, sin entenderse suficientes avisos generales o en página web de mero carácter informativo o divulgativo —por todas, SS. AP Pontevedra (Secc. 6ª) 21.12.21 y Madrid (20ª) 20.5.2022, en la línea de lo razonado en SS. AP Valencia (6ª) 13.6.2022, Granada (5ª) 20.6.2022 y Badajoz (3ª) 21.6.2022—».

TERCERO.- La sentencia recurrida, al parecer de esta parte, es contraria a la jurisprudencia en esta materia. Es la entidad bancaria la que debe disponer de los medios de seguridad necesarios para evitar que se produzcan intromisiones peligrosas en los servicios de banca electrónica conforme han recogido los tribunales, entre ellos la **Audiencia Provincial de Madrid en su sentencia n.º 74/2022, de 28 de febrero, ECLI:ES:APM:2022:616**:

«Destacar esta conclusión:
... " La falsedad de la transferencia (es decir, que el ordenante no sea el titular de la cuenta) es un riesgo a cargo del banco porque, en principio, el deudor sólo se libera pagando al verdadero acreedor por lo que **si el banco cumple una orden falsa, habrá de reintegrar en la cuenta correspondientes las cantidades cargadas**. Una excepción a esta distribución de riesgos se produce en el caso de que el titular haya creado o elevado el riesgo de falsificación de forma imputable en el caso concreto (STS 15 de julio de 1988). ....(....) - Los servicios que prestan las entidades de crédito a sus clientes a través de su oficina virtual se desenvuelven en redes TCP/IP (*Internet*) o WAP (comunicaciones móviles). 11.- Siendo *Internet* una red pública de comunicaciones, **la seguridad de las operaciones bancarias precisa de soluciones tecnologías avanzadas a los efectos de garantizar tanto la autenticidad como la integridad y la confidencialidad de los datos**. Por estos motivos las entidades prestadoras del servicio de banca online deben dotarse de medidas suficientes que garanticen al usuario la seguridad de las operaciones. Consecuencia derivada de la omisión, insuficiencia o defectuoso funcionamiento de las adoptadas es que **han de ser las entidades bancarias las que asuman las consecuencias derivadas de los fallos de seguridad del sistema**. (.....)-La responsabilidad en estos supuestos no puede atribuirse directamente al supuesto ordenante de la transferencia por entenderse ésta autorizada al haberse realizado de acuerdo con los sistemas de autenticación del banco. Los sistemas de autenticación se establecen por los proveedores de servicios de pago y **si un banco no ha sido capaz de limitar el acceso al canal de banca electrónica no puede pretender que el presunto ordenante víctima de esta práctica fraudulenta sea el único responsable, pues es el banco quien tiene responsabilidad respecto del buen funcionamiento y la seguridad del mismo**».

CUARTO.- Por tanto, no habiéndose probado por la entidad bancaria que en el usuario ha concurrido una conducta que pueda calificarse de negligencia grave, y siendo evidente que los medios de seguridad establecidos en la entidad bancaria para el sistema de banca electrónica no han sido suficientes para evitar la estafa, entiende esta parte que debe atribuirse la responsabilidad a [NOMBRE_ENTIDAD_BANCARIA], ello en virtud del art. 45.1 del Real Decreto-ley 19/2018, de 23 de noviembre:

«1. Sin perjuicio del artículo 43 de este real decreto-ley, en caso de que se ejecute una operación de pago no autorizada, el proveedor de servicios de pago del ordenante devolverá a éste el importe de la operación no autorizada de inmediato y, en cualquier caso, a más tardar al final del día hábil siguiente a aquel en el que haya observado o se le haya notificado la operación, salvo cuando el proveedor de servicios de pago del ordenante tenga motivos razonables para sospechar la existencia de fraude y comunique dichos motivos por escrito al Banco de España, en la forma y con el contenido y plazos que éste determine. En su caso, el proveedor de servicios de pago del ordenante restituirá la cuenta de pago en la cual se haya efectuado el adeudo al estado en el que se habría encontrado de no haberse efectuado la operación no autorizada.

La fecha de valor del abono en la cuenta de pago del ordenante no será posterior a la fecha de adeudo del importe devuelto».

Los tribunales han calificado esta responsabilidad como cuasi objetiva, señalando entre las más recientes la **SAP de Murcia n.º 414/2022, de 19 de diciembre, ECLI:ES:APMU:2022:3111:**

«v. Estará obligado a la devolución de las operaciones de pago no autorizadas de forma inmediata desde la notificación de la operación no autorizada, salvo que tenga sospechas razonables de fraude y comunique dichos motivos, por escrito, al Banco de España (art. 45.1 RDLSP).

Tercero: Aplicación al caso concreto.

10.- Como se deriva del régimen señalado en el fundamento de derecho anterior, en lo que respecta a la responsabilidad por operaciones de pago fraudulentas o no autorizadas, **el proveedor de servicios de pago se encuentra sujeto al cumplimiento de específicas obligaciones de protección en la emisión de los instrumentos de pago y en los procesos de autenticación de las operaciones de pago cuya finalidad es minimizar la probabilidad de ejecución de operaciones no autorizadas, respondiendo por las operaciones de pago resultantes del uso fraudulento del instrumento de pago por un tercero,** ordenante actuara de manera fraudulenta, o incumpliendo deliberadamente o por negligencia grave alguna de las obligaciones recogidas en el art. 41 RDLSP. Por ello, , como señala la SAP Badajoz (3ª) 159/22, "... al proveedor de servicios de pago le corresponde la carga procesal de acreditar tanto su propio comportamiento diligente en la autenticación de la operación de pago como, en su caso, el fraude (requerirá de la acreditación de hechos de los que pudiera llegar a inferirse que aquel actuó con engaño para beneficiarse de la operación de pago) o la negligencia grave del ordenante (requerirá de la acreditación de las circunstancias concurrentes en la operación de pago de las que quepa inferir que la misma pudo realizarse porque aquel obró con una significativa falta de diligencia al usar del instrumento de pago o al proteger sus credenciales)"».

Por lo expuesto,

SUPLICO A LA AUDIENCIA:

Que tenga por presentado este escrito, lo admita y tenga por interpuesto **RECURSO DE APELACIÓN**, contra la sentencia n.º [NÚMERO] y tras los trámites legales oportunos, dicte resolución por la que **estimando este recurso de apelación revoque íntegramente** la sentencia n.º [NÚMERO] dictada el [FECHA] en los autos [DESCRIPCIÓN] seguidos ante el Juzgado de Primera Instancia n.º [NUMERO] de [LOCALIDAD]/ sección civil del Tribunal de Instancia de [ESPECIFICAR] **(3)**, declarando ajustadas a derecho las pretensiones de este recurso, con condena en costas a la parte contraria.

Por ser justicia que pido en [LOCALIDAD], a [FECHA].

Letrado/a D./D.ª

[NOMBRE Y FIRMA LETRADO/A
NUMEROCOLEGIADO/A_
ABOGADO/A_CLIENTE]

Procurador/a D./D.ª

[NOMBRE Y FIRMA PROCURADOR/A
NUMERO COLEGIADO/A_
PROCURADOR/A_CLIENTE]

PRIMER OTROSÍ DIGO: de conformidad con el apartado tercero de la disposición adicional 15.ª Ley Orgánica del Poder Judicial **(4)** esta parte ha consignado la cantidad legalmente establecida en concepto de depósito, como se acredita mediante la copia del justificante de ingreso que aportamos como documento núm. [NÚMERO].

En su virtud,

SUPLICO:

Tenga por efectuada la anterior manifestación a los efectos oportunos.

Por ser justicia, fecha y lugar *ut supra*.

Letrado/a D./D.ª

[NOMBRE Y FIRMA LETRADO/A
NUMEROCOLEGIADO/A_
ABOGADO/A_CLIENTE]

Procurador/a D./D.ª

[NOMBRE Y FIRMA PROCURADOR/A
NUMERO COLEGIADO/A_
PROCURADOR/A_CLIENTE]

SEGUNDO OTROSÍ DIGO: siendo intención de esta parte cumplir con todos los requisitos legales, a tenor de lo previsto en el artículo 231 de la Ley de Enjuiciamiento Civil, se solicita se le diere traslado de cualquier defecto que adoleciere la presente demanda, para la inmediata subsanación de la misma.

Por ello,

SUPLICO:

Que tenga por efectuada la anterior manifestación a los efectos oportunos.

Es justicia que pido en el lugar y fecha *ut supra*.

Letrado/a D./D.ª

[NOMBRE Y FIRMA LETRADO/A
NUMEROCOLEGIADO/A_
ABOGADO/A_CLIENTE]

Procurador/a D./D.ª

[NOMBRE Y FIRMA PROCURADOR/A
NUMERO COLEGIADO/A_
PROCURADOR/A_CLIENTE]

---

(1) Tras la reforma operada en el art. 458 LEC por el RD-ley 6/2023, de 19 de diciembre, con entrada en vigor el 20/03/2024, el recurso de apelación se interpone ante el tribunal competente para conocer del mismo dentro del plazo de 20 días desde la notificación de la resolución impugnada, de la cual debe acompañarse copia.

(2) Verbal/Ordinario en función de la cuantía. El juicio ordinario, de conformidad con lo dispuesto en el art. 249.2 de la LEC será de aplicación cuando la cuantía exceda de seis mil euros y aparece reglado en el título II del libro II de la ley, artículos 399 y siguientes.

(3) Por la reforma realizada por la **LO 1/2025, de 2 de enero**, una vez implantados de forma efectiva los tribunales de instancia (D.T. 1.ª), todas las referencias realizadas a los juzgados unipersonales se entenderán realizadas a las secciones del orden jurisdiccional correspondiente de los tribunales de instancia.

(4) La disposición adicional 15.ª de la LOPJ ha sido objeto de modificación por la **LO 1/2025, de 2 de enero**.

Denuncia por sustracción y fraude con tarjeta de crédito [arts. 249.1.b) y 249.2. b) del CP]

AL JUZGADO DE INSTRUCCIÓN DE [LOCALIDAD]**/ A LA SECCIÓN DE INSTRUCCIÓN DEL TRIBUNAL DE INSTANCIA DE** [LOCALIDAD] **(1)**

D./D.ª [NOMBRE_CLIENTE], mayor de edad, [ESTADO_CIVIL_CLIENTE], con domicilio en la ciudad de [CIUDAD] calle [CALLE] n.º [NÚMERO], titular del Documento Nacional de Identidad n.º [NÚMERO], ante el juzgado/la sección comparezco y **DIGO**:

Que de conformidad con los artículos 259 y siguientes de la Ley de Enjuiciamiento Criminal, formulo denuncia por supuesto delito de estafa del artículo 248 y siguientes del vigente Código Penal, concretamente en el art. 249.1.b) del CP y 249.2.b) del CP, sin perjuicio de ulterior calificación, contra D./D.ª [NOMBRE_PARTECONTRARIA], vecino/a de [LOCALIDAD] calle [CALLE] n.º [NÚMERO] con Documento Nacional de Identidad n.º [NÚMERO].

Sin perjuicio de dirigir las acciones civiles y penales contra cualesquiera otras personas que a tenor de la resultancia de la investigación pudieran haber intervenido en los hechos que se relatan.

La presente denuncia se fundamenta en los siguientes

HECHOS

PRIMERO.- El denunciante el día [ESPECIFICAR] realizó una compra en [ESPEFICAR] por el importe de [ESPECIFICAR] euros.

Para realizar dicha compra el denunciante tuvo que introducir en la citada página web los siguientes datos bancarios:

- Número de tarjeta de débito.
- Titular de la tarjeta de débito.
- Fecha de caducidad de la tarjeta de débito.
- CVV de la tarjeta de débito.

El denunciante en el mes siguiente de la compra no realizó ninguna otra transacción con la referida tarjeta de débito.

Se adjunta pantallazo de la página web en cuestión como **documento n.º** [NÚMERO] en la que se la compra realizada por el denunciante.

SEGUNDO.- A raíz de la venta indicada por el denunciado, este empezó a ver cargos en su cuenta bancaria por los siguientes importes:

- [ESPECIFICAR] euros.
- [ESPECIFICAR] euros.
- [ESPECIFICAR] euros.
- [ESPECIFICAR] euros.

Se acompaña como **documento n.º** [NÚMERO] copia de los extractos bancarios.

TERCERO.- Entiende esta parte que los hechos son constitutivos de un posible delito de estafa de los tipificados en los artículos 248 y concordantes del Código Penal, máxime teniendo en consideración la vertiente jurisprudencial que indica la necesidad del engaño para que se dé el tipo penal, no concretándose únicamente en incumplimiento contractual.

Así, la **sentencia del Tribunal Supremo n.º 749/2017, de 21 de noviembre, ECLI:ES:TS:2017:4008**, nos indica que:

> «El delito de estafa requiere la existencia de un engaño por parte del sujeto activo que provoque en otro un error que le induzca a realizar un acto de disposición patrimonial que produzca un perjuicio, propio o de un tercero. El artículo 248 del Código Penal califica el engaño como bastante, haciendo referencia a que ha de ser precisamente esa maquinación del autor la que ha de provocar el error origen del desplazamiento patrimonial, con lo cual está mencionando dos aspectos que ha resaltado la jurisprudencia. En primer lugar, que el engaño ha de ser idóneo, de forma que ha de tenerse en cuenta, de un lado, su potencialidad, objetivamente considerada, para hacer que el sujeto pasivo del mismo, considerado como hombre medio, incurra en un error; y de otro lado, las circunstancias de la víctima, o dicho de otra forma, su capacidad concreta según el caso para resistirse al artificio organizado por el autor. En segundo lugar, es preciso que exista una relación de causalidad entre el engaño que provoca el error y el acto de disposición que da lugar al perjuicio, de donde se obtiene que aquél ha de ser precedente o, al menos, concurrente, al momento en que tal acto tiene lugar. Por lo tanto, el engaño debe ser la causa del error; el error debe dar lugar al acto de disposición y éste ha de ser la causa del perjuicio patrimonial.
>
> Aunque generalmente la maquinación engañosa se construye sobre la aportación de datos o elementos no existentes, dotándoles de una apariencia de realidad que confunde a la víctima, es posible también que consista en la ocultación de datos que deberían haberse comunicado para un debido conocimiento de la situación por parte del sujeto pasivo, al menos en los casos en los que el autor está obligado a ello. No solamente engaña a un tercero quien le comunica algo falso como si fuera auténtico, sino también quien le oculta datos relevantes que estaba obligado a comunicarle, actuando como si no existieran, pues con tal forma de proceder provoca un error de evaluación de la situación que le induce a realizar un acto de disposición que en una valoración correcta, de conocer aquellos datos, no habría realizado».

Además, este es un caso de estafa informática que, **entre los elementos de la misma cabe hacer referencia al ánimo de lucro, al acto de disposición patrimonial en perjuicio de un tercero y a la defraudación**.

La **STS n.º 1004/2022, de 28 de diciembre, ECLI:ES:TS:2022:4966**, señala:

> «El tipo penal precisa de un componente objetivo consistente en la realización de una manipulación que sustituye al engaño a una persona determinada propio de la estafa ordinaria. Lo que aconteció claramente en este supuesto, pues se manipuló un correo electrónico para que ofreciera una procedencia simulada y al que se incorporó como beneficiaria a la empresa de los acusados, que no tenía ninguna relación mercantil con la empresa que había realizado la venta. De este modo, se logró que la empresa deudora activara de manera desviada el trámite de pagos societarios y lo hiciera a favor de la empresa de los recurrentes. Su comportamiento se ajusta así a la acción típica, sin que resulte

oportuno analizar comportamientos delictivos que nada tienen que ver con el desplegado, en concreto, la alusión al Phising y a la función auxiliar (mula) que expresa el motivo».

Y estas circunstancias se han dado en el caso concreto, ante el error que me ha producido el hecho de [DESCRIPCIÓN], sin lo que no hubiera procedido a realizar abono alguno.

CUARTO.- El fraude sufrido por el denunciante responde a la técnica conocida como carding, que en un sentido general, se puede definir como el tráfico ilícito de información contenida en tarjetas de crédito para después utilizar los datos de las tarjetas para realizar comprar y otras transacciones fraudulentas, tal y como establece la **sentencia del Tribunal Supremo n.º 139/2025, de 19 de febrero, ECLI:ES:TS:2025:762**.

Así, en la **sentencia de la Audiencia Provincial de Barcelona n.º 799/2024, de 4 de octubre, ECLI:ES:APB:2024:15172**, que señala:

> «En ejecución de dicho plan criminal, utilizando el procedimiento conocido como "carding", consistente en obtener fraudulentamente los datos auténticos de tarjetas bancarias, titularidad de terceros. Con dichos datos, bien directamente (de forma telemática), bien incorporándolos a las bandas magnéticas de las tarjetas falaces que creaban al efecto, realizaron pagos ordinarios en establecimientos comerciales (restaurantes, gasolineras, etc.), pero especialmente, hicieron un gran número de compras telemáticas de numerosos productos a nombre de terceros (sin su consentimiento), especialmente aparatos tecnológicos de gama alta (móviles y similares), que después vendían a un precio inferior al de mercado, tanto por *internet* como en tiendas abiertas al público, entre las que se encontraba la denominada Raj BCN Mobile, ubicada en la calle Sant Pau, número 58, de Barcelona, propiedad del acusado Rogelio , mayor de edad y nacional de Pakistán, quien les compraba los teléfonos móviles y otros accesorios tecnológicos a un precio muy inferior al de los legítimos proveedores, conociendo perfectamente su ilícita procedencia, y los vendía al público en dicho comercio a un precio un 27% inferior al ordinario de venta al por menor».

Asimismo, describe la **sentencia de la Audiencia Nacional n.º 17/2024, de 26 de junio, ECLI:ES:AN:2024:3685**, la siguiente conducta:

> «Durante los años 2014 y 2015, ese grupo de personas, que desempeñaban de forma coordinada entre sí distintos papeles para el grupo, se dedicaba a obtener en España o fuera, y a utilizar en España, de forma fraudulenta, las numeraciones de tarjetas bancarias extranjeras, mediante lo que se conoce como carding (tráfico y/o uso de los datos de tarjetas de crédito obtenidos de forma ilícita), para después realizar operaciones sirviéndose de terminales de punto de venta (TPV's; empleado en femenino, por el vocablo "terminal") de empresas sin actividad comercial, simulando operaciones legales de venta de efectos o de prestación de servicios, y enmascarando de esta manera la actividad realizada en lucro propio, con la ayuda de establecimientos comerciales conniventes.
>
> La mecánica u operativa utilizada consistía en primer lugar en la obtención, de forma ilícita o fraudulenta, de numeraciones de tarjetas; a partir de ahí en la obtención de TPV's a través de la falsificación de la documentación necesaria para aquella obtención, y la inscripción de empresas sin verdadera actividad comercial.
>
> Para conseguir la adquisición y contratación de TPV's, los acusados e integrantes del grupo se daban de alta en la Seguridad Social como trabajadores autónomos, contando con establecimientos conniventes para el uso en ellos de esas TPV.

Una vez recaudado el dinero mediante las tarjetas, se procedía del siguiente modo: transferencias del dinero entre los distintos componentes y/o retirada en efectivo, con reparto del dinero en porcentajes previamente establecido».

Por lo expuesto,

SUPLICO AL JUZGADO/ A LA SECCIÓN:

Que tenga por presentado este escrito, junto con sus copias y documentos adjuntos, los admita, les dé la tramitación legal oportuna y tenga por presentado el presente escrito de denuncia por considerar que los hechos descritos pueden ser constitutivos de delito de estafa informática, sin perjuicio de ulterior calificación de los mismos.

Por ser de justicia

En [LOCALIDAD] a [DIA] de [MES] de [AÑO].

Firma

---

(1) Por la reforma realizada por la **LO 1/2025, de 2 de enero**, una vez implantados de forma efectiva los tribunales de instancia (D.T. 1.ª), todas las referencias realizadas a los juzgados unipersonales se entenderán realizadas a las secciones del orden jurisdiccional correspondiente de los tribunales de instancia.

Denuncia por estafa ante compra de teléfono por *Internet*

AL JUZGADO DE INSTRUCCIÓN DE [LOCALIDAD]**/ A LA SECCIÓN DE INSTRUCCIÓN DEL TRIBUNAL DE INSTANCIA DE** [LOCALIDAD] **(1)**

D./D.ª [NOMBRE_CLIENTE], mayor de edad, [ESTADO_CIVIL_CLIENTE], con domicilio en la ciudad de [CIUDAD] calle [CALLE] n.º [NÚMERO], titular del Documento Nacional de Identidad n.º [NUMERO], ante el juzgado/la sección comparezco y **DIGO:**

Que de conformidad con los artículos 259 y siguientes de la Ley de Enjuiciamiento Criminal, formulo denuncia por supuesto delito de estafa del artículo 248 y siguientes del vigente Código Penal, sin perjuicio de ulterior calificación, contra **D./D.ª** [NOMBRE_PARTECONTRARIA], vecino/a de [LOCALIDAD] calle [CALLE] n.º [NÚMERO] con Documento Nacional de Identidad n.º [NÚMERO]

Sin perjuicio de dirigir las acciones civiles y penales contra cualesquiera otras personas que a tenor de la resultancia de la investigación pudieran haber intervenido en los hechos que se relatan.

La presente denuncia se fundamenta en los siguientes

HECHOS

PRIMERO.- Denunciante y denunciado/a se conocieron en la página web de compraventa de artículos usados [DESCRIPCIÓN] en la que el/la denunciado/a había procedido a indicar la venta de [DESCRIPCION] por un precio de [NUMERO] euros.

Se adjunta pantallazo de la página web en cuestión como **documento n.º** [NÚMERO] en la que se observan las conversaciones mantenidas con el/la denunciado/a.

SEGUNDO.- A raíz de la venta indicada por el/la denunciado/a, esta parte procedió a ingresarle en la cuenta [NÚMERO] de la entidad [NOMBRE] la cantidad de [NÚMERO] euros por la compra del bien referido anteriormente.

Se acompaña como **documento n.º** [NÚMERO] copia del ingreso.

TERCERO.- Si bien se había estipulado la entrega del bien comprado en el plazo máximo de [NÚMERO] días/horas, habiendo pasado más de [NÚMERO] días/horas, no se ha recibido el bien comprado.

Intentada nueva comunicación al respecto con el/la denunciado, el/la mismo/a no ha contestado a ninguna de las comunicaciones expuestas por esta parte.

Acompañamos copia de las conversaciones mantenidas, así como de los pactos a los que se llegó, entre ellos, el plazo de entrega, como **documentos n.º** [NÚMERO] a n.º [NÚMERO].

CUARTO.- Entiende esta parte que los hechos son constitutivos de un posible delito de estafa de los tipificados en los artículos 248 y concordantes del Código Penal, máxime teniendo en consideración la vertiente jurisprudencial que indica la necesidad del engaño para que se dé el tipo penal, no concretándose únicamente un incumplimiento contractual.

Así, la **sentencia del Tribunal Supremo n.º 749/2017, de 21 de noviembre, ECLI:ES:TS:2017:4008**, nos indica que:

> «El delito de estafa requiere la existencia de un engaño por parte del sujeto activo que provoque en otro un error que le induzca a realizar un acto de disposición patrimonial que produzca un perjuicio, propio o de un tercero. El artículo 248 del Código Penal califica el engaño como bastante, haciendo referencia a que ha de ser precisamente esa maquinación del autor la que ha de provocar el error origen del desplazamiento patrimonial, con lo cual está mencionando dos aspectos que ha resaltado la jurisprudencia. En primer lugar, que el engaño ha de ser idóneo, de forma que ha de tenerse en cuenta, de un lado, su potencialidad, objetivamente considerada, para hacer que el sujeto pasivo del mismo, considerado como hombre medio, incurra en un error; y de otro lado, las circunstancias de la víctima, o dicho de otra forma, su capacidad concreta según el caso para resistirse al artificio organizado por el autor. En segundo lugar, es preciso que exista una relación de causalidad entre el engaño que provoca el error y el acto de disposición que da lugar al perjuicio, de donde se obtiene que aquél ha de ser precedente o, al menos, concurrente, al momento en que tal acto tiene lugar. Por lo tanto, el engaño debe ser la causa del error; el error debe dar lugar al acto de disposición y éste ha de ser la causa del perjuicio patrimonial.
>
> Aunque generalmente la maquinación engañosa se construye sobre la aportación de datos o elementos no existentes, dotándoles de una apariencia de realidad que confunde a la víctima, es posible también que consista en la ocultación de datos que deberían haberse comunicado para un debido conocimiento de la situación por parte del sujeto pasivo, al menos en los casos en los que el autor está obligado a ello. No solamente engaña a un tercero quien le comunica algo falso como si fuera auténtico, sino también quien le oculta datos relevantes que estaba obligado a comunicarle, actuando como si no existieran, pues con tal forma de proceder provoca un error de evaluación de la situación que le induce a realizar un acto de disposición que en una valoración correcta, de conocer aquellos datos, no habría realizado».

Y estas circunstancias se han dado en el caso concreto, ante el error que me ha producido el hecho de [DESCRIPCION], sin lo que no hubiera procedido a realizar abono alguno.

Por lo expuesto,

SUPLICO AL JUZGADO/A LA SECCIÓN:

Que tenga por presentado este escrito, junto con sus copias y documentos adjuntos, los admita, les dé la tramitación legal oportuna y tenga por presentado el presente escrito de denuncia por considerar que los hechos descritos pueden ser constitutivos de delito de estafa, sin perjuicio de ulterior calificación de los mismos.

Por ser de justicia

En [LOCALIDAD] a [DIA] de [MES] de [AÑO].

Firma

[NOMBRE_CLIENTE]

---

(1) Por la reforma realizada por la **LO 1/2025, de 2 de enero**, una vez implantados de forma efectiva los tribunales de instancia (D.T. 1.ª), todas las referencias realizadas a los juzgados unipersonales se entenderán realizadas a las secciones del orden jurisdiccional correspondiente de los tribunales de instancia.

Denuncia por estafa en alquiler vacacional («pharming»)

AL JUZGADO DE INSTRUCCIÓN DE [LOCALIDAD]**/ A LA SECCIÓN DE INSTRUCCIÓN DEL TRIBUNAL DE INSTANCIA DE** [LOCALIDAD] **(1)**

D./D.ª [NOMBRE_CLIENTE], mayor de edad, [ESTADO_CIVIL_CLIENTE], con domicilio en la Ciudad de [CIUDAD] calle [CALLE] n.º [NÚMERO], titular del Documento Nacional de Identidad n.º [NÚMERO], ante el juzgado/la sección comparezco y **DIGO**:

Que de conformidad con los artículos 259 y siguientes de la Ley de Enjuiciamiento Criminal, formulo denuncia por supuesto delito de estafa del artículo 248 y siguientes del vigente Código Penal, concretamente en el art. 249.1.b) del CP y 249.2.b) del CP a sin perjuicio de ulterior calificación, contra D./D.ª [NOMBRE_PARTECONTRARIA], vecino/a de [LOCALIDAD] calle [CALLE] n.º [NÚMERO] con Documento Nacional de Identidad n.º [NÚMERO].

Sin perjuicio de dirigir las acciones civiles y penales contra cualesquiera otras personas que a tenor de la resultancia de la investigación pudieran haber intervenido en los hechos que se relatan.

La presente denuncia se fundamenta en los siguientes,

HECHOS

PRIMERO.- El Denunciante el día [ESPECIFICAR] procedió a realizar una reserva de un alquiler de un inmueble para sus vacaciones en los días [DÍA] de [MES] de [AÑO] a [DÍA] de [MES] de [AÑO] a través de lo que pensaba que era una conocida página web de reservas vacacionales.

El precio del alquiler para los referidos días ascendió a [ESPECIFICAR] euros que fueron descontados de su cuenta automáticamente.

Para realizar dicha compra el denunciante tuvo que introducir en la citada página web los siguientes datos bancarios:

- Número de tarjeta de débito.
- Titular de la tarjeta de débito.
- Fecha de caducidad de la tarjeta de débito.
- CVV de la tarjeta de débito.

Se adjunta pantallazo de la página web en cuestión como **documento n.º** [NÚMERO] con la confirmación de la reserva, como **documento n.º** [NÚMERO] copia del extracto bancario del cobro del precio del citado alquiler y correo electrónico de confirmación de la reserva como **documento n.º** [NÚMERO].

SEGUNDO.- El día [DÍA] de [MES] de [AÑO] el denunciante se presentó en el alojamiento que había alquilado a través de la citada página web, si bien, al comprobar sus datos por el personal de recepción no constaba ninguna reserva realizada a su nombre, tampoco el número de reserva que le habían enviado por e-mail constaba en la base de datos del alojamiento.

TERCERO.- Entiende esta parte que los hechos son constitutivos de un posible delito de estafa de los tipificados en los artículos 248 y concordantes del Código Penal, máxime teniendo en consideración la reciente vertiente jurisprudencial que indica la necesidad del engaño para que se dé el tipo penal, no concretándose únicamente en incumplimiento contractual.

Así, la **sentencia del Tribunal Supremo n.º 749/2017, de 21 de noviembre, ECLI:ES:TS:2017:4008,** nos indica:

«El delito de estafa requiere la existencia de un engaño por parte del sujeto activo que provoque en otro un error que le induzca a realizar un acto de disposición patrimonial que produzca un perjuicio, propio o de un tercero. El artículo 248 del Código Penal califica el engaño como bastante, haciendo referencia a que ha de ser precisamente esa maquinación del autor la que ha de provocar el error origen del desplazamiento patrimonial, con lo cual está mencionando dos aspectos que ha resaltado la jurisprudencia. En primer lugar, que el engaño ha de ser idóneo, de forma que ha de tenerse en cuenta, de un lado, su potencialidad, objetivamente considerada, para hacer que el sujeto pasivo del mismo, considerado como hombre medio, incurra en un error; y de otro lado, las circunstancias de la víctima, o dicho de otra forma, su capacidad concreta según el caso para resistirse al artificio organizado por el autor. En segundo lugar, es preciso que exista una relación de causalidad entre el engaño que provoca el error y el acto de disposición que da lugar al perjuicio, de donde se obtiene que aquél ha de ser precedente o, al menos, concurrente, al momento en que tal acto tiene lugar. Por lo tanto, el engaño debe ser la causa del error; el error debe dar lugar al acto de disposición y éste ha de ser la causa del perjuicio patrimonial.

Aunque generalmente la maquinación engañosa se construye sobre la aportación de datos o elementos no existentes, dotándoles de una apariencia de realidad que confunde a la víctima, es posible también que consista en la ocultación de datos que deberían haberse comunicado para un debido conocimiento de la situación por parte del sujeto pasivo, al menos en los casos en los que el autor está obligado a ello. No solamente engaña a un tercero quien le comunica algo falso como si fuera auténtico, sino también quien le oculta datos relevantes que estaba obligado a comunicarle, actuando como si no existieran, pues con tal forma de proceder provoca un error de evaluación de la situación que le induce a realizar un acto de disposición que en una valoración correcta, de conocer aquellos datos, no habría realizado».

Además, este es un caso de estafa informática que, entre los elementos de la misma cabe hacer referencia al ánimo de lucro, al acto de disposición patrimonial en perjuicio de un tercero y a la defraudación.

La **STS n.º 1004/2022, de 28 de diciembre, ECLI:ES:TS:2022:4966,** señala:

«El tipo penal precisa de un componente objetivo consistente en la realización de una manipulación que sustituye al engaño a una persona determinada propio de la estafa ordinaria. Lo que aconteció claramente en este supuesto, pues se manipuló un correo electrónico para que ofreciera una procedencia simulada y al que se incorporó como beneficiaria a la empresa de los acusados, que no tenía ninguna relación mercantil con la empresa que había realizado la venta. De este modo, se logró que la empresa deudora activara de manera desviada el trámite de pagos societarios y lo hiciera a favor de la empresa de los recurrentes. Su comportamiento se ajusta así a la acción típica, sin que resulte oportuno analizar comportamientos delictivos que nada tienen que ver con el desplegado, en concreto, la alusión al Phising y a la función auxiliar (mula) que expresa el motivo».

Y estas circunstancias se han dado en el caso concreto, ante el error que me ha producido el hecho de [DESCRIPCIÓN], sin lo que no hubiera procedido a realizar abono alguno.

CUARTO.- El fraude sufrido por el denunciante responde a la técnica conocida como pharming, con la se alude a la estafa consistente en el uso de páginas webs fraudulentas a las que se dirige a las víctimas, y que imitan a las auténticas. La víctima piensa que está navegando en el sitio web auténtico y facilita sus credenciales que son utilizadas por el atacante para apropiarse de su identidad.

El Real Decreto 43/2001, de 26 de enero, por el que se desarrolla el Real Decreto-ley 12/2018, de 7 de septiembre, de seguridad de las redes y sistemas de información, define el pharming como:

> «Ataque informático que aprovecha vulnerabilidades de los servidores DNS (Domain Name System). Al tratar de acceder el usuario al sitio web, el navegador redirigirá automáticamente al usuario a una dirección IP donde se aloja una web maliciosa que suplanta la auténtica, y en la que el atacante podrá obtener información sensible de los usuarios».

Por lo expuesto,

SUPLICO AL JUZGADO/A LA SECCIÓN:

Tenga por presentado este escrito, junto con sus copias y documentos adjuntos, los admita , les de la tramitación legal oportuna y tenga por presentado el presente escrito de denuncia por considerar que los hechos descritos pueden ser constitutivos de delito de estafa informática, sin perjuicio de ulterior calificación de los mismos.

Por ser de justicia

En [LOCALIDAD] a [DIA] de [MES] de [AÑO].

Firma

---

(1) Por la reforma realizada por la **LO 1/2025, de 2 de enero**, una vez implantados de forma efectiva los tribunales de instancia (D.T. 1.ª), todas las referencias realizadas a los juzgados unipersonales se entenderán realizadas a las secciones del orden jurisdiccional correspondiente de los tribunales de instancia.

Recurso de apelación penal frente a sentencia condenatoria por delito de estafa informática

Procedimiento [NUMERO/AÑO]

AL JUZGADO DE LO PENAL NÚMERO [NUMERO] **DE** [LOCALIDAD]**/A LA SECCIÓN DE LO PENAL DEL TRIBUNAL DE INSTANCIA DE** [LOCALIDAD] **(1) PARA ANTE LA AUDIENCIA PROVINCIAL DE** [PROVINCIA]

Don/Doña [NOMBRE_PROCURADOR_CLIENTE], procurador/a de los Tribunales y de **don/doña** [NOMBRE_CLIENTE], según queda acreditado en autos de procedimiento abreviado número [NUMERO] cuya instrucción ha correspondido al Juzgado de Instrucción número [NÚMERO] de [LOCALIDAD]/a la Sección de Instrucción del Tribunal de Instancia de [LOCALIDAD] **(1)** y cuyo conocimiento y fallo ha correspondido al juzgado/a la sección al/a la que me dirijo, como mejor proceda en derecho,

DIGO

Con fecha de [FECHA] fue notificada a esta parte la sentencia n.º [NÚMERO] dictada por el Juzgado de lo Penal número [NÚMERO] de [LOCALIDAD]/la Sección de lo Penal del Tribunal de Instancia de [LOCALIDAD] al/a la que me dirijo con fecha de [FECHA] por la que se condena a [NOMBRE_PARTECONTRARIA] como autor/a de un delito de estafa informática tipificado en el artículo 249.1. a) del CP a la pena de [ESPECIFICAR].

Por el presente escrito, dentro del plazo legal conferido, interpongo en tiempo y forma **RECURSO DE APELACIÓN** ante la **AUDIENCIA PROVINCIAL de** [PROVINCIA] contra la sentencia referida en base al artículo 790 de la LECrim y de conformidad con el siguiente

MOTIVO

ÚNICO.- INFRACCIÓN DE PRECEPTO CONSTITUCIONAL: VULNERACIÓN DEL DERECHO A LA PRESUNCIÓN DE INOCENCIA Y DE LA TUTELA JUDICIAL EFECTIVA DEL ARTÍCULO 24 DE LA CE.

La sentencia que se recurre vulnera el artículo 24 de la CE en relación con el derecho constitucional a la presunción de inocencia y a la tutela judicial efectiva, en tanto entendemos que no existe prueba de cargo suficiente para desvirtuar la presunción de inocencia de mi representado/a en relación con la conducta del artículo 249.1. a) del CP.

En este sentido dicho precepto castiga:

> «Los que, con ánimo de lucro, obstaculizando o interfiriendo indebidamente en el funcionamiento de un sistema de información o introduciendo, alterando, borrando, transmitiendo o suprimiendo indebidamente datos informáticos o valiéndose de cualquier otra manipulación informática o artificio semejante, consignan una transferencia no consentida de cualquier activo patrimonial en perjuicio de otro».

El delito anterior exige la concurrencia de una manipulación informática como así señala la **STS n.º 1004/2022, de 28 de diciembre, ECLI:ES:TS:2022:4966,** cuando dice: «(...) en la estafa informática el elemento del engaño es sustituido por la acreditación de una manipulación informática (...)» y añade «El tipo penal precisa de un componente objetivo consistente en la realización de una manipulación que sustituye al engaño a una persona determinada propio de la estafa ordinaria (...)».

Mi representado/a, si bien realizó los trámites para la apertura de una cuenta bancaria online, nunca llegó a confirmar que dicha apertura se hizo efectiva, de modo que en ningún caso disponía de los datos de la cuenta bancaria creada y, por lo tanto, resulta imposible que los haya facilitado a terceros con finalidad alguna. A mayor abundamiento, en ningún momento llegó a recibir las tarjetas bancarias solicitadas, por lo que tampoco pudo facilitar estas a los terceros responsables de las conductas fraudulentas.

Así pues, no puede atribuírsele, en ningún caso, la manipulación informática necesaria para la apreciación del delito del artículo 249.1. a) del CP. De existir esta, resulta evidente a esta parte que los datos necesarios para cometer el fraude han sido obtenidos sin culpa ni negligencia alguna de mi representado/a.

Asimismo, no se ha llevado a cabo prueba alguna que acredite el destino de los reintegros de dinero efectuados desde la supuesta cuenta de mi representado/a.

En relación con el derecho a la presunción de inocencia, interesa traer a colación lo dispuesto respecto de la doctrina constitucional en la **STS n.º 935/2023, de 18 de diciembre, ECLI:ES:TS:2023:5691:**

> «La STC 33/2015, de 2 de marzo, evocando las ya lejanas SSTC 137/1988, de 7 de julio, FJ 1, o 51/1995, de 23 de febrero, FJ 2, reitera que la presunción de inocencia, no solo es criterio informador del ordenamiento procesal penal, sino, además y sobre todo, un derecho fundamental en virtud del cual el acusado de una infracción no puede ser considerado culpable hasta que así se declare en sentencia condenatoria, que sólo será legítima constitucionalmente si media una actividad probatoria lícita que, practicada con la observancia de las garantías procesales y racional y libremente valorada por el Tribunal penal, pueda entenderse concluyentemente de cargo. La STC 68/2010, de 18 de octubre, de igual forma y en plena sintonía con una machaconamente repetida doctrina constitucional conceptúa a la presunción de inocencia como regla de juicio que repele una condena sin apoyo en pruebas de cargo válidas, revestidas de garantías y referidas a todos los elementos esenciales del delito, de las que quepa inferir razonablemente tanto los hechos como la participación del acusado. Se viola tal derecho cuando no concurren pruebas de cargo válidas, o cuando no se motiva el resultado de su valoración, o cuando, por ilógico o por insuficiente, no sea razonable el iter discursivo seguido. (Fundamento Jurídico Cuarto; en idéntico sentido y entre muchas otras, SSTC 107/2011, de 20 de junio -Fundamento Jurídico Cuarto-, 111/2011, de 4 de julio -Fundamento Jurídico Sexto a, 126/2011, de 18 de julio -Fundamento Jurídico Vigésimo Primero a)- ó 16/2012, de 13 de febrero).
>
> La presunción de inocencia resulta afectada cuando se condena: a) sin pruebas de cargo; b) con el soporte de pruebas no válidas, es decir ilícitas por vulnerar otros derechos fundamentales; c) con la base de actividad probatoria practicada con ausencia de garantías exigibles; d) sin motivar la convicción probatoria; e) sobre la base de pruebas insuficientes; o f) a través de una motivación ilógica, irracional o no concluyente (STS 653/2016, de 15 de julio, entre muchas)».

En la misma línea señala la **STS n.° 614/2025, de 2 de julio, ECLI:ES:TS:2025:3248:**

«(...) En todo caso, como se ha explicitado en numerosas resoluciones de esta Sala (SSTS 1126/2006, de 15 de diciembre; 742/2007, de 26 de septiembre o 52/2008, de 5 de febrero), "cuando se alega infracción de este derecho a la presunción de inocencia, la función de esta Sala no puede consistir en realizar una nueva valoración de las pruebas practicadas a presencia del Juzgador de instancia, porque a este solo corresponde esa función valorativa, pero sí puede este Tribunal verificar que, efectivamente, el Tribunal a quo contó con suficiente prueba de signo acusatorio". Una verificación que alcanza a que la prueba de cargo se haya obtenido sin violar derechos o libertades fundamentales, así como que su práctica responda al procedimiento y supuestos para los que fue legalmente prevista, comprobando también que en la preceptiva motivación de la sentencia se ha expresado por el Juzgador el proceso fundamental de su raciocinio (STS 1125/2001, de 12 de julio) y que ese razonamiento de la convicción obedece a los criterios lógicos y razonables que permiten corroborar las tesis acusatorias sobre la comisión del hecho y la participación en él del acusado, sustentando de este modo el fallo de condena».

Por todo ello, entendemos que la sentencia dictada coloca a mi representado/a en una situación de total indefensión quedando vulnerado su derecho constitucional a la presunción de inocencia.

En su virtud,

SUPLICO AL JUZGADO/A LA SECCIÓN:

Que tenga por presentado este escrito y las copias que se acompañan, lo admita, teniendo por interpuesto recurso de apelación en tiempo y forma contra la sentencia dictada con fecha de [FECHA] en autos de procedimiento abreviado número [NÚMERO] por el juzgado/la sección a/a la que me dirijo, se admita en ambos efectos, dándose traslado a las demás partes para que formulen escritos de impugnación o adhesión, elevándose a la Audiencia Provincial de [PROVINCIA].

SUPLICO A LA SALA:

Que, admitido a trámite el presente, dicte resolución revocando la sentencia referida acordándose la absolución de mi representado/a.

Por ser justicia en [LOCALIDAD] a [FECHA].

Firma Abogado/a   Firma Procurador/a

---

(1) Por la reforma realizada por la LO 1/2025, de 2 de enero, una vez implantados de forma efectiva los tribunales de instancia (D.T. 1.ª), todas las referencias realizadas a los juzgados unipersonales se entenderán realizadas a las secciones del orden jurisdiccional correspondiente de los tribunales de instancia.